発達障害の僕らが生き抜くための「紙1枚」仕事術

小鳥遊

SB Creative

下の二次元コードを読み取ることで、
本書の「紙１枚」テンプレート
をダウンロードできます。
https://ul.sbcr.jp/TOKU-ieJIt

はじめに
「あたりまえ」が難しい同志たちへ

こんにちは。小鳥遊（たかなし）と申します。私は、**発達障害**の1つ**ADHD（注意欠如・多動症）**の診断を受けていて、具体的には、**「抜け漏れ」「先送り」「過度な自責傾向」「段取りが苦手」「集中しづらさ」**という発達障害によくある特性があります。以前は会社員として働いていましたが、今はフリーランスとして、**「発達障害×タスク管理」**をテーマに、障害者就労移行支援事業所の講師や、教育機関等での講演、ウェブメディアの記事や書籍の執筆などを行っています。

なぜ私が「発達障害×タスク管理」をテーマに掲げているのかというと、「え？発達障害の人たちがタスク管理とかいうものを身につけて、いつの間にか強くなってる！　こりゃ敵わない！」みたいなムーブメントが起きればと思っているからです。この気持ちの根底には、**「いわゆる障害者雇用」に対する悔しさ**があるのです。

私が考える「いわゆる障害者雇用」というのは、「あなたには発達障害があるんですね。じゃあ、配慮して、簡単な誰にでもできる仕事を用意するので、その代わりに安い給料で我慢してください。」みたいな感じです。

私は、**「発達障害はあるけど、難しい仕事も頑張って、ある程度十分な給料をもらって、それでほしいものを買ったり、美味しいものを食べたり、たまには旅行に行ったりして、人並みに幸せに生きていきたい」**と思っていたのです。それが、「障害者」になるだけで、「障害者雇用」で働くという選択をするだけで、とてつもなく難しいものになってしまう。この現実が、とにかく私には我慢ならなかったのです。もちろん、既存の障害者雇用がなくてはならない制度であり、その活用のため日々努力している人がいることは理解しています。ただ、私が求めているものとは違いました。

そんな私が、本書のタイトルにもなっている「紙1枚」を使ったタスク管理術のおかげで、会社員として安定して働けるようになったことで、「発達障害があっても、やり方次第で『普通に働く』ことができるのではないか」と、思うようになりました。**「普通」に届かない自分を責めて、人生を楽しむことをあきらめる必要なんてなかったのです。**

いつか、苦手をカバーし、長所を生かして立派に難しい仕事をやってのける同志たちが増えていき、「安い給料で単純作業だけさせておけばいい、などと言って申し訳なかった」と言わせたいのです。少々強い調子で書いてしまいましたが、そんなことを思いつつ「発達障害×タスク管理」を広めていきたいと思っています。

というわけで**この本は、発達障害の人が「紙1枚」を使ったタスク管理術で、「普通」に働いて、「普通」に食べていくための本です。**

具体的には、

- **抜け漏れや物忘れが激しく、うっかりミスばかりする**
- **つい仕事を先送りにして、締切を守れない**
- **段取りが苦手で、マルチタスクになると頭が真っ白に！**
- **「普通」ができない自分を責めて、メンタルが崩壊する**
- **「仕事ができない」ことが原因で、休職や退職を考えるくらい苦痛を感じている**

といった悩みを抱えている人に向けて書いた本です。私のように発達障害の診断を受けている人はもちろん、「もしかしたら、そうかもな」と思っている人や、「仕事で何もかもうまくいっていない」という人にも、ぜひお読みいただきたいです。

ただ1つだけ注意してほしいのは、**体調が安定せず、職場に行くことすら困難だという人は、タスク管理をやっている場合ではありません**（私にもそういう時期がありました）。この本を閉じて、まずは病院へ行くか、ゆっくり休んでください。あなたの健康が何よりも一番大切だという事実を、どうかお忘れなく。

はじめに
「あたりまえ」が難しい同志たちへ

なぜ「タスク管理」なのか？

「紙1枚」仕事術とは、「タスク管理」の技法です。この本を手に取ってくださった人の多くは、仕事に対して何らかの悩みや葛藤がある人だと思います。でも、ひと口に「仕事」と言っても、ケアレスミスが多い、自分にばかり怒る上司がいる、メンタルが弱くてすぐに傷つく、毎朝憂鬱で遅刻してしまう、など悩むポイントは人それぞれですよね。どうして「タスク管理」しか教えてくれないの？　そもそも「タスク管理」って何？　と思われるかもしれません。

「タスク管理」とは、**やるべきことの優先順位や所要時間を考慮して、期限内に終わるよう適切に管理すること**です。要は、「やるべきことを、やるべきときまでにやる」ための考え方や仕組みのようなものです。

こう書くと、「タスク管理」は数あるビジネススキルの1つにすぎないという印象を受けるかもしれません。しかし、私はこの**「タスク管理」ができるようになったことで、発達特性からくる仕事上の困りごとをかなりカバーできるようになりました。**ミスや締切の遅れだけでなく、職場の人間関係やメンタルの不調についてもです。「タスク管理」は、**「普通に」仕事ができる人たちと同じ土俵に上がるために最も効果的な方法**だったのです。本書では、その魅力と効果を存分にお伝えしていきます。

でも実は、「やるべきことが締切内に終わるよう管理する」ということを実践し始めた当初は、「タスク管理」という言葉を私はまったく知りませんでした。職場でミスを連発したり、同僚から馬鹿にされたり、上司にひどく怒られたり、メンタル不調で休職や退職を繰り返したりした経験から、自分の苦手や仕事上の困難を思い知り、それらをカバーする方法を考えた結果、本書で紹介する「紙1枚」仕事術を私は編み出しました。それが世に言う「タスク管理」というものだと知ったのは、自分なりに「紙1枚」仕事術の原型を完成させてからのことでした。

したがって、ここで言う「紙1枚」仕事術とは、**発達障害の人が抱えがちな困りご**

とを1つ1つカバーするための工夫が詰まった「タスク管理術」であり、私のような困りごとを抱える**発達障害の人が職場でうまくやっていくための考え方、仕事のやり方そのもの**なのです。

「紙1枚」以前の私

タスク管理には、エリートビジネスパーソンがより高みにいくためにやる、ちょっと気取った高尚なイメージがあるかもしれません。しかし、この「紙1枚」仕事術は違います。「あたりまえ」のことができないと思い悩んでいる人が、なんとか苦手をカバーして「普通に」働いていくためにやるものです。論より証拠。**まずは「紙1枚」以前の私について、**少しお話しさせてください。

私は大学4年生の夏、「司法書士になろう！」と心に決め（就職活動から逃走し）、受験勉強を始めるも6年間落ち続け、20代が終わった頃にADHDの診断を受けました。その間、アルバイトは2回クビになり、30代から会社員として働き出しても休職と退職の繰り返し。**「仕事」と関わり始めたときから、私の人生はしくじりの連続でした。**

仕事は自分にとって、襲いかかってくるモンスターのようなものでした。この年表は、そんな私のしくじり時代の中で特にきつかった&印象的なエピソードをまとめたものです。

24歳・大学4年の夏、就職活動が無理すぎて司法書士試験の勉強を始める

30歳・司法書士事務所、不動産仲介会社で連続してアルバイトをクビになる

・「発達障害（ＡＤＨＤ）」の診断を受ける

・6年間不合格の末、ＡＤＨＤの診断をきっかけに司法書士をあきらめる

31歳・障害者雇用で某ＩＴ企業の総務職として採用される。合理的配慮について聞かれ、「いらない」と答えてしまう

34歳・指示を勘違いし、社長室を潰してしまう

35歳・仕事がうまくいかず、会社に行けなくなり休職

36歳・復職する自信がなく、そのまま退職

・半年間の転職活動で、２５０社落ちる
・一般雇用で、某ハウスメーカーの総務職として採用される
37歳 ・仕事がうまくいかず、会社に行けなくなり休職

「人並み」が難しい。けどなりたい

クビ、休職、退職、そしてその原因となるしくじりの連続。すべては、**「人並みに」「あたりまえに」働くことができなかったから**です。現金が入った封筒を置いてきてしまったり、重要な契約の締切を守れなかったり、単純なマニュアルが覚えられなかったり、物件までの道をお客さんと一緒に迷ってしまったり……。

当時、私の自己肯定感は地の底に落ちていました。喫茶店でアイスコーヒーが運ばれてきただけで、「注文どおりにアイスコーヒーが運ばれてきたということは、店員さんが1つのミスもしなかったということか……。自分もそんなふうに仕事ができたらなぁ……」と思って泣いてしまったほどです。

その一方で、私はずっと**「自分の力で稼いで、（自分の考える）人並みの生活をしていきたい」**という気持ちを持っていました。大学を卒業するまで、いつかは自分にも「人並み」の生活や幸せが勝手に訪れるものだと信じていたからでしょう。

ところが、学生時代が終わり、社会に出た途端、「人並み」とか「普通」とか、そういう類のものが自分にとってはるか遠くのものになってしまいました。「いわゆる障害者雇用」のあまりにも低い給料に悔し涙が出たのも、有名企業に入った大学の友だちと心のどこかで距離感を覚えてしまったのも、**その根底にはいつも、「人並みになれない自分」への驚きと悔しさがあったのだと思います。**

しくじり時代が長引いた理由

発達障害と診断されてから二度目の休職に至るまで約8年。長いか短いかは人それぞれ捉え方があるでしょうが、一般的には、「何かできることはなかったの？」と思う年月ではないでしょうか。

なぜ、これほどの期間苦しんでしまったのか。今思えば、**「努力が足りないだけだ」「まさか自分がこんなにできないわけない」**という強烈なプライドがあったからだと思います。私は学生時代、それなりに成功体験があったのです。

学生時代の地雷系成功体験①　自己批判すればうまくいく

学生時代の私は、自分で言うのも何ですが、**「超」がつくほどの真面目**でした。中学で吹奏楽部に入部してクラリネットを始めました。楽器でもスポーツでもそうだと思いますが、上達のためには、自分のダメな部分、未熟な部分を洗い出し、潰していくプロセスが必要です。超真面目な私は、自分のクラリネットの演奏を振り返って、「ここの音程がダメ」「あそこのリズムがダメ」と徹底的に批判し、改善し続けました。すると、みるみるスキルアップしていったのです。高校の頃、プロの音楽家に演奏を聴いてもらった際、「君はプロになれる」と言ってもらえたほどです。

結局、音楽の道には進まなかったものの、このときプロの音楽家からかけられた言葉は、私にとって非常にインパクトのあるものでした。と同時に、**「徹底的な自己批**

判こそ正義」「苦手なことはがむしゃらに潰せばいい」という価値観が自分の中に根づくきっかけとなりました。

学生時代の地雷系成功体験② 偏差値の高い大学に合格

「徹底的な自己批判こそ正義」「苦手なことはがむしゃらに潰せばいい」の価値観は、大学受験を通じてより強固なものになりました。ちなみに、高校時代は部活ばかりで勉強に身が入らなかったうえ、第一志望にこだわって滑り止めを受けなかったこともあり、現役ではどこにも受かりませんでした。しかし、「クラリネットを上達させた、あの方法で……」と受験勉強に身を捧げたところ、自分でも驚くような難関大学の法学部に合格したのです。

これらの成功体験で確立されてしまった**「自分を伸ばすには、このやり方しかない」**という思い込みさえなければ、私の人生が好転するのはもっと早かったかもしれません。

崖っぷちで生まれた「紙1枚」仕事術

私が「紙1枚」仕事術を生み出したのは、某ハウスメーカーでの休職から復職した直後、38歳のときです。連続する失敗やミスにも徹底的な自己批判を浴びせてしまったことで、極度の自信喪失状態に陥ってしまった私は、ようやくここで「その価値観、そのやり方に固執しているからうまくいかないんだ。このままではいけない！」と心の底から思いました。そんなふうに思えたからこそ、新しい仕事の考え方、やり方を許容できたと言えます。

復職直後、雑務は多少頼まれることがありましたが、忙しいとは程遠い状況でした。この頃の時間的な余裕と、「何を変えればいいんだ？」というこれまでにない柔軟な姿勢のおかげで、「まさか自分がこんなにできないわけない」というプライドを捨てて自分の苦手とその対策について徹底的に向き合うことができました。

「なんでこんなにミスが多いんだ？」

「なんでいつも締切に間に合わないんだ？」

「なんで自分だけこんなに怒られるんだ？」

「なんで同僚と同じように働けないんだ？」

「なんでいつも仕事のことで頭がいっぱいなんだ？」

「なんでこんなに仕事がしんどいんだ？」


その結果自分の苦手を徹底的に受け容れ、そんな自分をそのままカバーする仕組みを作っていき、**自身の発達障害特性による困りごとをことごとくカバーするExcelが完成しました。**このExcelこそ、本書で紹介する「紙1枚」のベースとなるものです。

私の人生はここでようやく底を打ちます。8年間抱えてきた仕事の悩みがウソみたいに解消され、会社での仕事に自信が持てるようになり、会社員として人並みに食べていけるようになりました。**特性がなくなったわけではありません。仕事のやり方をほんの少し変えただけ。ただそれだけでよかったのです。**

38歳 ・自分の特性を受け容れ、苦手をカバーするExcelを作った途端に仕事が回り出す

39歳 ・障害者雇用で某メーカー企業の総務法務職へ転職（のちに一般雇用へ）

40歳 ・「発達障害×タスク管理」をテーマにセミナーを開催するようになる

41歳 ・副業で障害者就労移行支援事業所の講師となる

42歳 ・社会福祉法人と提携し自作Excelをもとにタスク管理習得支援ツール「タスクペディア」を開発し、無料公開

44歳 ・共著書『要領がよくないと思い込んでいる人のための仕事術図鑑』を出版

46歳 ・フリーランスとして独立

47歳 ・大手就労移行支援事業会社にて全国の事業所に配信される動画コンテンツを作成

48歳 ・現在。本書を含め著書を複数出版

あなたは8年間も苦しまなくていい

私は、生真面目な性格とプライドが相まって、「仕事のやり方を変えればいいんだ」と気づくまでに長い時間がかかってしまいました。その間、私はさまざまなしくじりをするたびにメンタルが崩壊し、心身に不調をきたすほどに追い込まれました。

もしあなたが、「あの頃の私」のように、仕事がどうにもうまくいかず悩んでいるのだとしたら、**「そんなに苦しまなくても大丈夫です。仕事のやり方を少し変えるだけでいいんです。もうこれ以上自分を責めないでください」**とお伝えしたいのです。

この仕事術は、コンタクトレンズと似ています。使いこなすためには少し練習やメンテナンスが必要ですが、使いこなせるようになれば、あなたが今まで抱えてきた悩みや生きづらさの解消に大いに貢献してくれることでしょう。

本書を通して、あなた本来の長所や可能性が十分に発揮され、「人生そんなに悪くないな」と思っていただけるきっかけとなれば、著者としてこれ以上嬉しいことはありません。

Contents

発達障害の
僕らが生き抜くための
「紙1枚」仕事術

はじめに「あたりまえ」が難しい同志たちへ……3

Prologue

発達障害の苦手をカバーして働ける「紙1枚」仕事術とは？

Contents

Chapter 1

締切を制する者は、発達障害を制す
―時間管理―

Chapter 2

「安心感」は自分の手で作るもの
―メンタル―

Chapter 3

発達障害があったって「できる人」になれる
――仕事の成果――

Contents

Chapter 4

目指すは「やることはやる腰が低い人」 ——人間関係——

Prologue

発達障害の苦手を
カバーして働ける
「紙1枚」仕事術とは？

発達障害の人が働きにくい理由

ADHDである私の5大特性

発達障害には、**ASD（自閉スペクトラム症）**、**LD（学習障害）**、そして私が診断された**ADHD（注意欠如・多動症）**の3つの要素があります。人とコミュニケーションを取るのが苦手（ASDの人が抱える悩み）、文字を読んだり書いたりするのが苦手（LDの人が抱える悩み）など、ひと口に発達障害といってもその特性はさまざまですし、そこから生じる苦手なこと、辛いことも人によって異なります。

すでにお伝えしたとおり、私の主な発達特性は、**「抜け漏れ」「先送り」「過度な自責傾向」「段取りが苦手」「集中しづらさ」**の5つで、これらはADHDでもよくある特性と言われています。

なお、本書における「発達障害（の人）」「発達特性」「ＡＤＨＤ」といった表現は、基本的に「この５つの特性（のある人）」とご理解ください。

1／抜け漏れ

「抜け漏れ」は、私の特性の中で一番厄介なものでした。上司から「これやっといて」と言われても、自分のパソコンに向き直ったときにはもう忘れているなんてこともしばしば。

あるいは、「よし、これで終わった」と思って、成果物を上司に提出すると、「あれ、○○の資料も入れといてって言ったよね？」「あれ、この件について、△△さんに確認してほしいってお願いしたの覚えてる？」などと次々指摘が入り、結局、決められた締切内に仕事が終わらない、といったことがよくありました。

2／先送り

「先送り」は、自分でもびっくりするほどの大惨事を引き起こします。

某ハウスメーカーに勤めていたとき、地方自治体からアンケートが届き、私が記入・返送をする担当になりました。けれども、封を開けてみると、やたらと記入事項が多く、**「なにこれ面倒くさすぎ……今は無理だ」と、どんどん先送りにしていきました。**自治体から何度か催促の電話があったものの、「もう少し時間をください」となんとなく答えてやり過ごし、アンケートをデスクの引き出しにしまったまま、私は5日間の休暇を取ることにしました。

ところが、休暇の初日、上司から携帯電話に連絡があり、「あのアンケートはどうなっているんだ！」と大激怒されることになったのです。せっかくの休暇をのんびり過ごそうと思っていたのに、残りの4日間はまるで生きた心地がしませんでした。

先送りは長期にわたって負の威力が蓄積される分、最終的なダメージが大きいのが特徴です。

3／過度な自責傾向

「過度な自責傾向」は、**「すべて自分に責任がある」**と考えてしまう傾向のことです。

よく「自責思考を持て」と言う会社や偉い人がいたりするので、必ずしも悪いこととは捉えられていないようです。

ただ、私はこれが原因で必要以上に自分を責めてしまったり、どこからどこまでが自分の責任かわからないという私の傾向も相まって、自分のせいではないミスにまで負い目を感じてしまったりすることもしばしばでした。

4／段取りが苦手

「段取りが苦手」とは、あるタスクの最終的な締切は把握しているのに、それを守るために**「何を」「いつまでに」**進めればいいかわからず、うかうかしている間に締切を過ぎてしまうようなイメージです。

たとえば、営業部の名称が変わり、私がその新しい名刺作成を頼まれたときのこと。私は次の2つの点がわからなかったせいで段取りに失敗しました。

・名刺を完成させるには、新しい部署の英語表記を海外事業部の人に考えてもらわなければならないこと

・海外事業部の人は非常に忙しく、すぐには教えてもらえない可能性があること

まだタスク管理を始めていなかった私は、名刺作成を締切内に終わらせるためには、「何を」「いつまでに」進めればいいのかわからないまま見切り発車で仕事を進めてしまい、海外事業部の人に英語表記を聞かなければと考えたときには、時すでに遅し。結果として名刺は締切に間に合わず、営業部の人に大迷惑をかける事態となったのです。

5／集中しづらさ

「集中しづらさ」というのは、私の場合、集中力が「切れやすい」というよりも**「ほかに気がいってしまう」**というイメージです。

たとえば、作業中にふと「そういえばあのメールの件、まだ返事もらってなかったな」などと思い出してしまうと、メールの件が気になって、今までやっていた作業が手につかなくなってしまうのです。ほかにも会社の同僚から声をかけられたり、デスクの上の資料に目がいってしまったりと、さまざまな原因で集中力がほかへいってしまいます。

ただ、前の4つの特性と比べると、仕事への影響はそこまで大きくありませんでした。何か重大なミスにつながるというよりは、仕事の効率が下がってしまう一因という感じです。

５大特性から生じる職場での困りごと

これら５つの特性が原因となって、職場では次のような困りごとが頻発しました。

- ・頼まれた仕事をやらずに放置する
- ・資料のデータや数字を間違える
- ・締切を守れず会社の予定を狂わせる
- ・勘違いが多く指示どおりに動けない
- ・重要な資料や契約書、現金などを置き忘れる
- ・攻撃的な人のターゲットにされる
- ・自分のミスではないことまで責任を押しつけられる
- ・必要以上に自分を責めてパニックになる

・いつも仕事のことで頭がいっぱいで気が休まらない
・ストレスと過労で体調を崩す
・クビになったり、辞めざるをえなくなったりする

もしかしたらもっといろいろな悩みや困りごとがあったかもしれません。

困りごとと冷静に向き合うために

発達障害とうまくつき合っていくために重要なのは、**「これらの困りごとは脳機能の特性によって引き起こされることが多い」**と知ることです。

たとえば、あなたがもしも上司に頼まれたことをすぐに忘れてしまうのだとしたら、それはあなたの脳が「覚えておくことが苦手」という特性を持っているからです。決してあなたのわがままや怠慢でそうなっているのではありません。発達障害は先天的なものであって、風邪のようにやがて治るものではないのです。

したがって、「自分はなんて忘れっぽいんだ。忘れないようにしよう」と頑張って

もあまり意味がありません。「覚えるのが苦手」という脳の特性を受け容れたうえで、**「覚えなくていい仕組み」を作るほうがより建設的**です。

それに気づいた私が、自分の特性をカバーする仕組みをExcelのシートに追加していった結果できあがったものが、次頁の「紙1枚」です。研修やセミナーなどでは、**「タスク詳細シート」**と呼んでいます。**それぞれの項目が、「抜け漏れ」「先送り」「過度な自責傾向」「段取りが苦手」「集中しづらさ」をカバーできるよう考えられています。**

図 0-1　発達障害の苦手をカバーする「紙１枚」のフレーム

No.	タスク	着手日	締切日
		／	／

No.	サブタスク	ステータス				着手日	締切日
1		自分	相手	予定	いつか	／	／
2		自分	相手	予定	いつか	／	／
3		自分	相手	予定	いつか	／	／
4		自分	相手	予定	いつか	／	／
5		自分	相手	予定	いつか	／	／
6		自分	相手	予定	いつか	／	／
7		自分	相手	予定	いつか	／	／
8		自分	相手	予定	いつか	／	／
9		自分	相手	予定	いつか	／	／
10		自分	相手	予定	いつか	／	／

「紙1枚」の基本的な使い方

「紙1枚」の使い方は4ステップ

まずは、「紙1枚」の基本的な使い方について説明します。といっても、ベースとなるステップは次の４つだけです。

ステップ1：タスクに名前をつける
ステップ2：タスクをサブタスクに分解する
ステップ3：サブタスクのステータスに○をつける
ステップ4：タスク・サブタスクの着手日と締切日を決める

図 0-2　「紙 1 枚」の基本的な使い方

ステップ 1
タスクに名前をつける

ステップ 2
タスクをサブタスクに分解する

タスク	着手日	締切日
田中商事に見積書を送付する	4/11	4/16

No.	サブタスク	ステータス				着手日	締切日
1	資材部に製品価格を質問	自分	相手	予定	いつか	4/11	4/11
2	資材部から返答	自分	相手	予定	いつか	4/11	4/14
3	同僚 A さんに製品価格の再確認	自分	相手	予定	いつか	4/14	4/14
4	同僚 A さんから返答	自分	相手	予定	いつか	4/14	4/14
5	見積書作成	自分	相手	予定	いつか	4/15	4/16
6	上司 B さんに見積書内容の確認依頼	自分	相手	予定	いつか	4/16	4/16
7	上司 B さんから返答	自分	相手	予定	いつか	4/16	4/16
8	見積書送付	自分	相手	予定	いつか	4/16	4/16

ステップ 3
サブタスクの
ステータスに○をつける

ステップ 4
タスク・サブタスクの
着手日と締切日を決める

図0-3 ステップ1：タスクに名前をつける

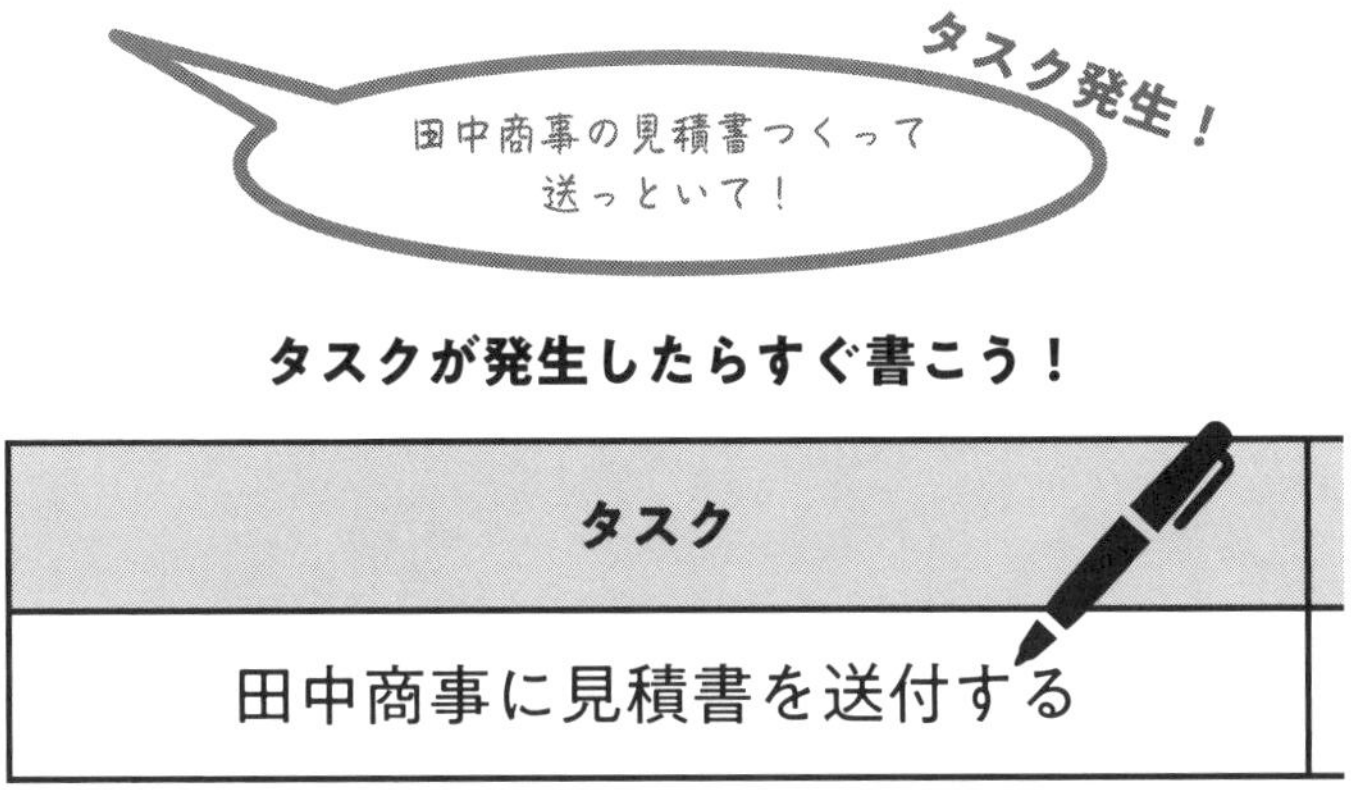
タスク発生！
田中商事の見積書つくって
送っといて！
タスクが発生したらすぐ書こう！
タスク
田中商事に見積書を送付する

ステップ1：タスクに名前をつける

タスクが発生したら、まずそのタスクに名前をつけます。「田中商事に見積書を送付する」や「社員の新しい名刺を作成し上司のBさんに提出する」など、「これが終われば、この仕事は完了！」と言い切れる最終的なゴールがタスクの名前となります。タスクの名前は、完了したかどうかが明確に判断できる**具体的な行動を示す言葉（60頁参照）**を使うようにしましょう。

ステップ2：タスクをサブタスクに分解する

タスクの名前（最終的なゴール）が決まったら、**そのタスクを完了させるために**

必要な工程をすべて洗い出し、「サブタスク」として「紙1枚」に書き込みます。

ですので、**本書のサブタスクとは、タスクの工程を細かく分解したもの**と考えてください。タスクと同様にサブタスクも、具体的な行動を示す言葉を使うようにしましょう。

この際、**サブタスクは細かく分解すればするほど、タスクを完遂する心理的なハードルを下げることができます。**

基準としては、「これならできる！」と自分で思えるくらい細かくなっているかどうかです。イメージは、1つのサブタスクが「Cさんに、この資料に入れるべき項目がこれですべてかどうか聞く」くらいの細かさになっているのがベストです。「ちょっと細かくしすぎかな？」と思うくらいが丁度いいです（66頁参照）。

また、**すべての工程が洗い出せているか不安だったり、どんな工程が必要かわからなかったりする場合は、「これで合ってますか？」「この次は何ですか？」と上司や同僚に「紙1枚」を見せながら聞きに行きましょう。**

図 0-4　ステップ２：タスクをサブタスクに分解する

タスクの完了に必要な工程をすべて洗い出そう！

タスク
田中商事に見積書を送付する

No.	サブタスク
1	資材部に製品価格を質問
2	資材部から返答
3	同僚Ａさんに製品価格の再確認
4	同僚Ａさんから返答
5	見積書作成
6	上司Ｂさんに見積書内容の確認依頼
7	上司Ｂさんから返答
8	見積書送付

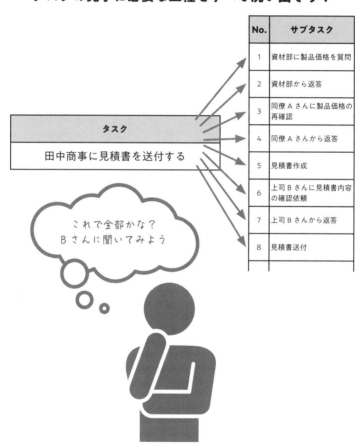

ステップ3：サブタスクのステータスに○をつける

「ステータス」の欄には、**「自分」「相手」「予定」「いつか」**の4つの項目があります。これらは、**そのサブタスクが誰のボールか**を示すものです。

自分がやる（ボールを持っている）サブタスクは、**「自分」**に○をつけます。

上司、先輩、ほかの部署の人、取引先など、相手がやるサブタスクは、**「相手」**に○をつけます。

「予定」は、それが実行される日時が決まっていて、自分も相手も、誰もボールを持っていないサブタスクが該当します。代表例は**会議**です。会議はみんなでやるものなので、ボールを誰が持っているのか判然としません。ですので、会議の場合は「予定」に○をつけます。

「いつか」は、「時間があったらやりたいなあ」レベルのサブタスクが該当します。やるのは自分です。やらなくても影響はありませんが、やるとより良い結果が得られるので覚えておきたいサブタスクです。そのままだと確実に忘れてしまうので、「紙1枚」に書き留めるようにします。

図 0-5 ステップ3：サブタスクのステータスに○をつける

そのサブタスクが誰のボールか明確にしよう！

No.	サブタスク	ステータス			
1	資材部に製品価格を質問	〇自分	相手	予定	いつか
2	資材部から返答	自分	〇相手	予定	いつか
3	同僚Aさんに製品価格の再確認	〇自分	相手	予定	いつか
4	同僚Aさんから返答	自分	〇相手	予定	いつか
5	見積書作成	〇自分	相手	予定	いつか
6	上司Bさんに見積書内容の確認依頼	〇自分	相手	予定	いつか
7	上司Bさんから返答	自分	〇相手	予定	いつか
8	見積書送付	〇自分	相手	予定	いつか

ステップ4：タスク・サブタスクの着手日と締切日を決める

サブタスクをすべて洗い出しステータスにも○をつけたら、それぞれの着手日と締切日を設定します。基本的には、**タスクの締切日から逆算してサブタスクの着手日や締切日を決めていきます。**

「最後のサブタスクが○日に終わってなければいけないということは、このサブタスクの着手日は△日だな……」「△日にこのサブタスクに着手するには、前のサブタスクが□日に終わってないといけなくて、そのためには……」といった具合です。

タスクの着手日は、最初のサブタスクの着手日と一緒で、**タスクの締切日は、最後のサブタスクの締切日と一緒かそれより後**になっていることを確認しましょう。

なお、サブタスクの左端にある「No.」は、それぞれのサブタスクを何番目に行うかを示すためのものです。上から下へ行くほど、タスクの完了に近づいていきます。

ここまでで、「紙1枚」の基本　的な使い方はおわかりいただけたでしょうか？60頁以降でも、より具体的な使い方のコツをお話ししていますので、そちらも参考にしてみてください。

図 0-6 ステップ４：タスク・サブタスクの着手日と締切日を決める

**①タスクの締切日から
最後のサブタスクの締切日を設定**

No.	タスク	着手日	締切日
	田中商事に見積書を送付する	4/11	4/16

No.	サブタスク	ステータス				着手日	締切日
1	資材部に製品価格を質問	**自分**	相手	予定	いつか	4/11	4/11
2	資材部から返答	自分	**相手**	予定	いつか	4/11	4/14
3	同僚Ａさんに製品価格の再確認	**自分**	相手	予定	いつか	4/14	4/14
4	同僚Ａさんから返答	自分	**相手**	予定	いつか	4/14	4/14
5	見積書作成	**自分**	相手	予定	いつか	4/15	4/16
6	上司Ｂさんに見積書内容の確認依頼	**自分**	相手	予定	いつか	4/16	4/16
7	上司Ｂさんから返答	自分	**相手**	予定	いつか	4/16	4/16
8	見積書送付	**自分**	相手	予定	いつか	4/16	4/16

**③最後のサブタスクの着手日から
前のサブタスクの締切日を設定**

**②最後のサブタスクの締切日から
最後のサブタスクの着手日を設定**

なぜ「紙1枚」で発達障害の苦手をカバーできるの？

「紙1枚」による5大特性への対策

前述のとおり、この「紙1枚」は、発達障害である私が苦手をカバーして上手に働けるよう作られたものです。それぞれの項目は、私の発達特性であり、発達障害の人によくある**「抜け漏れ」「先送り」「過度な自責傾向」「段取りが苦手」「集中しづらさ」をカバーできるよう考えられています。**

では、どのようにしてカバーしているのか、1つ1つ見ていきましょう。

【1／抜け漏れ】への対策

私の発達特性の中でも一番厄介だった「抜け漏れ」。

この抜け漏れをカバーするための対策は、記憶に頼らず**とにかく書き出す**ことです。したがって、この「紙1枚」を運用すること自体が、抜け漏れ対策であると言えます。

ちなみに私が復職直後、「何かを変えなければ」と最初に始めたのは、この「とにかく書き出す」ということでした。たったそれだけでも、仕事が想像以上に効率よく回り出しました。「この『紙1枚』のフォーマットを埋めるのは大変そう」という人は、**言われたらとにかく書き出す、ということだけでもぜひやってみてください。**抜け漏れが改善され、「なにか忘れている気がする」という不安感が和らぐことで、仕事全体がやりやすくなると思います。


私の「紙1枚」を運用していただけるのなら、とにかくタスクが発生したらすぐに「タスク」の欄にタスクの名前を記入するようにしてください。タスクの名前は後でも変えられるので、発生した瞬間にあまり練らずに書いてしまっても大丈夫です。

私は、この「紙1枚」を編み出したときはExcelで管理していたこともあり、パソコンのデスクトップには常にExcelの「紙1枚」を開いていました。今では、「紙1枚」専用アプリ（199頁参照）を使い、やはり常に開いています。

もちろん、A4用紙1枚にこのフォーマットを印刷して、手書きで管理する場合も同様です。デスクの見えるところに置いておけばすぐに書き留めることができますよね。いずれにしても、**「何か言われたらすぐ『紙1枚』へ」、という意識づけをすることがとても重要です。**

ただ、「コピーをとる」レベルの2～3分以内に終わり自分で完結する突発タスクは書き出していません。そのようなタスクは「紙1枚」に書き出すまでもなくその場ですぐ終わらせるものと考えてください。

【2／先送り】への対策

後々、びっくりするほどの大惨事を引き起こす「先送り」。

この先送りをカバーするための対策は、**そのタスクが面倒くさいと感じなくなるまで細かく分解する**ことです。**先送りの一番の原因は、「面倒くさい」です。**私の経験上、仕事というのは、作業工程を細かく分解してみると、その1つ1つは決して面倒くさくないことがほとんどです。分解されていないタスクは、**まず何をすればいいかわからない**ため、脳が面倒くさいと感じているだけなのです。

この「面倒くささ」は、「やれる」「できる」と思えないところから生まれます。逆に、「やれる」「できる」と思えるようになれば、面倒くささは消えタスクは進みます。

たとえば、どう取り組めばよいかわからないくらい大きなプロジェクトを抱えていたとします。ふと目をデスクにやると、ＰＣのディスプレイの下に結構ホコリが……。「これはキレイにしておかないと」とプロジェクトそっちのけで掃除を始めてしまい、プロジェクトは進まず……。ありがちではないでしょうか。

大きなプロジェクトのような「将来の大きな達成感」と、ホコリ掃除のような「目の前の小さな達成感」があったとき、本当は前者のプロジェクトに着手しなければいけないとわかっていても、つい後者のホコリ掃除をして、**すぐ手に入る満足感や達成**

感を得ようとしてしまう。実はこれも、ADHDの人がそれ以外の人よりも強く持っている傾向だと言われています。生まれ持った特性なので、いっときの心がけや頑張りでどうにかできるものではありません。ツールをうまく使って、「そんな自分でもうまくやれる」という仕組みを作る方が現実的です。

この場合は、大きなプロジェクトを「プロジェクトメンバー5名をExcelにリスト化する」「メンバーにキックオフミーティングのメールを送る」くらいのレベルまで「できる」と思えるように小さく切り分けます。そうすることで、はるか遠くにあった達成感を「ホコリを掃除する」レベルまで目の前にグッと引き寄せることができ、プロジェクトを先送りしなくてすみます。

「紙1枚」で言えば、「サブタスク」の欄に「メンバーのリスト化」「キックオフミーティングのメール」などと記入していくことになります。大きなタスクを分解し、すぐに「やれる」「できる」小さなサブタスクを設定することで、「目の前の小さな達成感」がこまめに得られる状況が作られます。**ホコリ掃除よりもたやすく「プロジェク**

ト」タスクを進められるよう、自分自身を誘導するのです。

【3】／過度な自責傾向】への対策

何でも自分のせいだと思い込み、職場では何かと損な役回りになりがちな「過度な自責傾向」。

この過度な自責傾向をカバーするための対策は、**1つ1つのサブタスクの責任の所在を明らかにする**ことです。「紙1枚」でいうと、**「ステータス」**の項目がその対策にあたります。本来会社では、自分だけで完結する仕事はほとんどありません。必ず複数の人が関わっています。

たとえば、「社員Aさんの名刺を作成する」というタスクを例に考えてみましょう。このタスクをサブタスクに分解し、それぞれのサブタスクの責任の所在を明らかにすると、次のようになります。

No.1　名刺情報をAさんへ確認依頼

社員Aさんのフルネーム、部署名、肩書き、電話番号などを前回の名刺印刷データ

図 0-7 「自分」の“ボール”は意外と少ない

No.	タスク	着手日	締切日
	社員Aさんの名刺を作成する	2/5	2/21

No.	サブタスク	ステータス				着手日	締切日
1	名刺情報をAさんへ確認依頼	○自分	相手	予定	いつか	2/5	2/5
2	Aさんから返答	自分	○相手	予定	いつか	2/5	2/5
3	名刺印刷会社へデータ送付	○自分	相手	予定	いつか	2/6	2/6
4	名刺印刷会社から確認依頼	自分	○相手	予定	いつか	2/6	2/14
5	名刺印刷会社へ返答	○自分	相手	予定	いつか	2/14	2/15
6	名刺が納品される	自分	○相手	予定	いつか	2/15	2/19
7	名刺をAさんへ渡す	○自分	相手	予定	いつか	2/19	2/19

で確認し、社員Aさんに「これで間違いないですか？」と聞く⬇**私の責任**

No.2　Aさんから返答
社員Aさんが確認し、私に「これで間違いないです」と伝えてくる⬇**Aさんの責任**

No.3　名刺印刷会社へデータ送付
名刺印刷会社に連絡し、「この内容で印刷をお願いします」と伝える⬇**私の責任**

No.4　名刺印刷会社から確認依頼
名刺印刷会社が印刷データを作成し、私に「この内容で間違いないですか？」と聞いてくる⬇**名刺印刷会社の責任**

No.5　名刺印刷会社へ返答
最終確認し、名刺印刷会社へ「間違いないです」と返答する⬇**私の責任**

No.6　**名刺が納品される**

名刺印刷会社が印刷し、私のところに納品してくる➡**名刺印刷会社の責任**

No.7　**名刺をAさんへ渡す**

納品された名刺を社員Aさんに渡す➡**私の責任**

こう考えると、すべてのサブタスクのうち、「私」が担当すべき（責任を感じるべき）なのは、実は半分ほどしかありません。もし、No.2で社員Aさんに確認した名前の読み仮名が間違っていたのに、社員Aさんが「これで間違いないです」と返答したためにそのまま進んでしまった場合、私は強く責任を感じる必要はないのです。社員Aさんを責める必要もありませんが、仮に「何間違えているの」などと言われても、「このときに確認しましたよね？」と慌てることなく冷静に対応できます。

【4／段取りが苦手】への対策

「何を」「いつまでに」進めればいいかわからず、締切に遅れてしまう「段取りが苦手」。

この段取りへの苦手意識をカバーするための対策は、**すべてのサブタスクに着手日と締切日を設定する**ことです。1つのタスクを細かいサブタスクに分解するだけでも、終わりまでの見通しがきき、段取りの苦手はずいぶん改善されます。さらに、それぞれに着手日と締切日を設定することで、より確実な見通しを立てることができます。というのも、タスクを依頼された時点で、それぞれのサブタスクをいつ始めて、いつまでに終わらせるべきかを考えることになるので、「このタスクを締切までに完了させるには、今すぐBさんに問い合わせをしなければいけない」など、作業工程のかなり早い段階で締切を守るために必要な行動を起こせるからです。

【5／集中しづらさ】への対策

ほかの4つの特性と比べ、大失敗へとはつながらないものの、仕事の効率を下げてしまう「集中しづらさ」。

この集中しづらさに対する解決策は、**次のサブタスクだけを視覚的に目立たせる**ことです。Excel の場合だと、次のサブタスクだけを色つきにしたり、ほかのセルを非表示にしたりできるので簡単ですが、紙で運用する場合は、終わったサブタスクに取消線を引くのも効果的です。

また、少し応用編になりますが、今やるべきサブタスクだけを別の紙にまとめてしまうというのも手です。研修やセミナーでは、**「タスク一覧シート」**と呼んでいます（次頁参照）。「タスク一覧シート」は、もとの「紙1枚」に書いた内容を転記しているだけですので、難しく考える必要はありません。こちらのほうが自分に合いそうという人はぜひ使ってみてください。

図 0-8　応用編「タスク一覧シート」のつくり方

タスクA

No.	タスク	着手日	締切日
	社員インタビューブログを会社サイトで公開する	7/12	7/31

No.	サブタスク	ステータス				着手日	締切日
~~1~~	~~インタビュー項目を決める~~	~~自分~~	~~相手~~	~~予定~~	~~いつか~~	~~7/12~~	~~7/15~~
~~2~~	~~インタビュー~~	~~自分~~	~~相手~~	~~予定~~	~~いつか~~	~~7/16~~	~~7/16~~
3	書き起こし	自分	相手	予定	いつか	7/17	7/18
4	初稿作成	自分	相手	予定	いつか	7/17	7/18

タスクB

No.	タスク	着手日	締切日
	営業第一部と営業第二部の席替えを行なう	7/16	7/29

No.	サブタスク	ステータス				着手日	締切日
1	各部へ必要な卓数の確認	自分	相手	予定	いつか	7/16	7/16
2	各部から返答	自分	相手	予定	いつか	7/16	7/18
3	ゾーニング案作成	自分	相手	予定	いつか	7/18	7/19

今やるサブタスクだけまとめる！

タスク一覧シート

No.	上段：タスク／下段：サブタスク	ステータス				着手日	締切日
1	社員インタビューブログを会社サイトで公開する						
	書き起こし	自分	相手	予定	いつか	7/17	7/18
2	営業第一部と営業第二部の席替えを行なう						
	各部へ必要な卓数の確認	自分	相手	予定	いつか	7/16	7/16

↑
サブタスクが終わったら、消しゴムで消して次のサブタスクを記入します

図 0-9　「紙1枚」とカバーできる苦手の対応

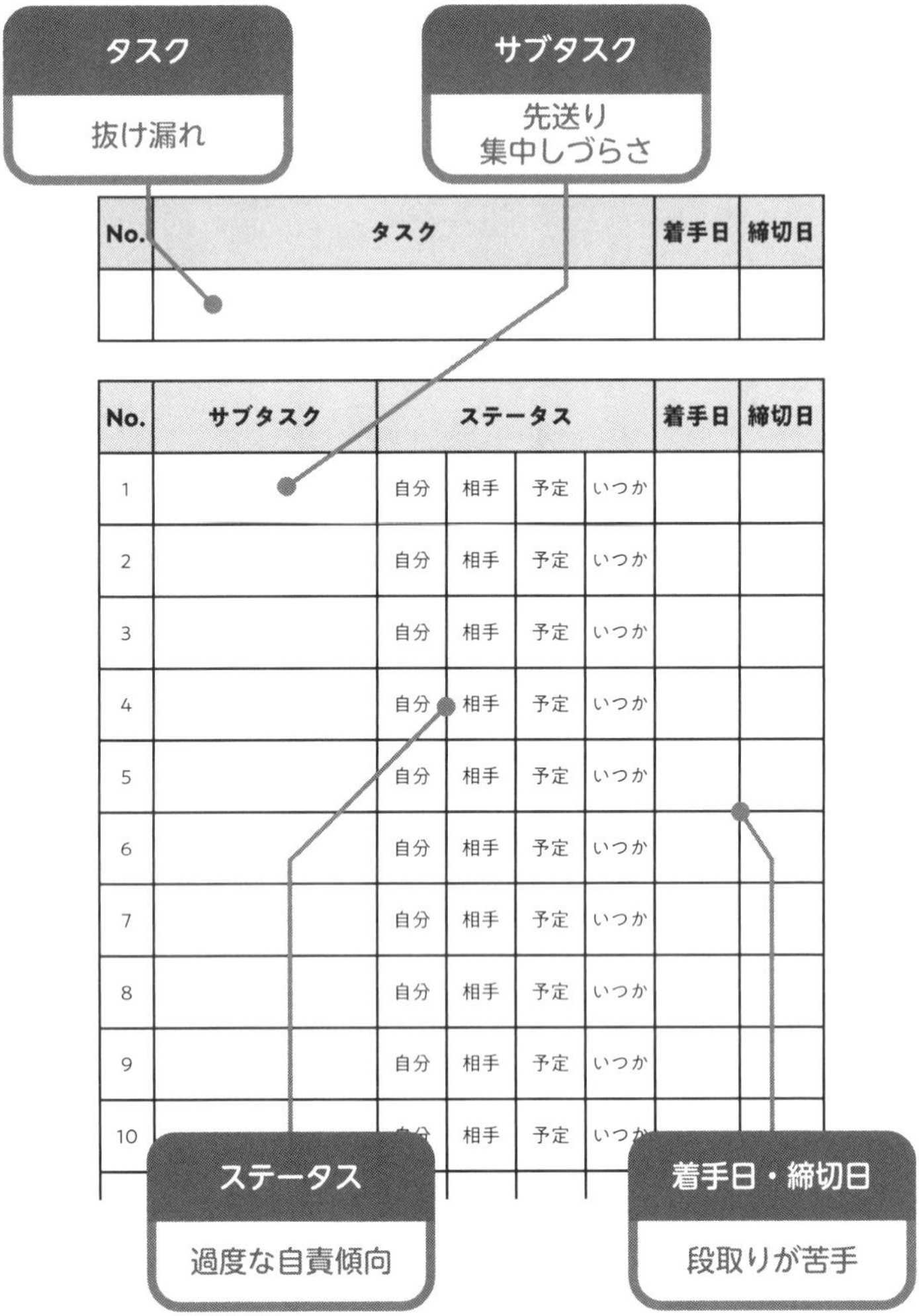

よくある「Ｔｏ Ｄｏリスト」と何が違うの？

「Ｔｏ Ｄｏリスト」がうまくいかない理由

この「紙1枚」仕事術をいろいろな場所でご紹介するようになってから、「小鳥遊さんの提唱している『紙1枚』は、一般的な『Ｔｏ Ｄｏリスト』とどう違うのですか？」という質問を受けることがあります。この質問に対しては、**「『Ｔｏ Ｄｏリスト』を私でもうまく運用できるよう必要な項目を足していったのが、『紙1枚』なんですよ」**とお答えしています。

実は私も、「紙1枚」仕事術に行き着くまでに、タスク名のみを羅列しただけのよくある「Ｔｏ Ｄｏリスト」を作成してみたことは何度かありました。ところが、ほとんど三日坊主で終わってしまったというのが正直なところです。

　私が思う「Ｔｏ Ｄｏリスト」の最大の難点は、締切を書かずに「やること」が列挙された「Ｔｏ Ｄｏリスト」を頼りにこなしていったところで、**締切に間に合うかどうかがわからない**という点です。「うわ、こんなにやることがある」と自分の現状を把握することはもちろん大事ですが、それを片っ端から必死に終わらせていっても、締切に間に合わなかったら意味がありません。

　また、「田中商事に見積書を送付する」といったタスク名だけを列挙するので次回アクション（サブタスク）がわからず、「面倒くさい」の解消にはなりません。面倒くさいのでどんどんタスクを先送りにしていくうちに、未完了のタスクだけが溜まっていってしまいます。みなさんの中にも、膨れ上がった「Ｔｏ Ｄｏリスト」を見て逆にやる気が削がれてしまった、という経験がある人がいるのではないでしょうか。さらには、自分からいったん手離れしているタスクまで「やるべきこと」に感じてプレッシャーになってしまうのも、「Ｔｏ Ｄｏリスト」で挫折する一因でした。

一方、「紙1枚」仕事術は、「紙1枚」どおりにこなしていけば、抜け漏れや先送りをせず、締切にも間に合うという安心感があります。仮に、大元のスケジュールに無理があったとしても、「このままいくと締切に間に合わない」とわかるのが早いので、周囲への協力を仰ぎながら大きなトラブルを回避することができます。

その上、タスクごとの次回アクションが明確にわかり、自分が本当に注目すべきタスクが絞り込まれることでタスクがズラッと並ぶプレッシャーが軽くなり、書いたはいいけどそのまま放置、という結末にもなりにくいと言えます。

そういった点で、この「紙1枚」仕事術は、これまで「Ｔｏ Ｄｏリスト」がうまくいかなかった人にもぜひ試していただきたいです。

「死人テスト」「ビデオカメラテスト」でNGワードの使用を防ぐ

「死人」にもできる言葉は使わない

「紙1枚」にタスクやサブタスクを記入する際、注意しなければならないことがあります。それは、必ず**具体的な行動を示す言葉**を使うということです。そうでないと、完了したかどうかの判別がしにくいうえ、仮に完了したとしても全体のタスクは進行していない可能性が高いからです。また、具体的な行動でないとイメージしづらく、「やれる」と思えず面倒くさくなって先送りしてしまう可能性もあります。

具体的な行動を示す言葉かどうかの判断に困る場合は、まず**「死人テスト」**をやってみるとよいでしょう。「死人テスト」とは、**「死人にもできること」は具体的な行動を示す言葉ではない**というものです。

たとえば、「ミスしない」や「いい加減にやらない」といった**否定**表現の言葉は、「死人テスト」では不合格です。「〜しない」ということは死人にもできることだからです。

あるいは、「座っている」「いる」などの**状態**を示す言葉も、残念ながら具体的な行動ではありません。

まとめると、**「否定」「状態」の2つは、死人にもできてしまうので具体的な行動を示す言葉ではありません**。特に、自分がやるサブタスクを考える際はぜひ「死人テスト」を意識してみてください。

「カメラ」に映らない言葉は使わない

では、「死人テスト」をクリアした言葉はすべてタスクやサブタスクに使って○Ｋなのかというと、そうではありません。「死人テスト」をクリアした言葉には、さらに**「ビデオカメラテスト」**をやってみてほしいのです。

「ビデオカメラテスト」は、**「具体性テスト」**とも呼ばれます。**ビデオカメラで撮影した際に、誰が見ても「こういうことをしているんだ」とわからなければ、具体的な行動を示す言葉ではない**というものです。

この「ビデオカメラテスト」で引っかかりNGとなってしまう言葉には、「考える」「検討する」「調べる」「見る」などがあります。

たとえば、ある人が何かを「検討」している様子を動画で撮影し、ほかの誰かに見てもらったとしても、その人が本当に検討しているのかどうかは正直よくわからないですよね。ほかにも、「やる」「頑張る」「努力する」「意識する」「整理する」「まとめる」「(話を)詰める」などの仕事でよく使われるワードも、「ビデオカメラテスト」ではNGになります。

一方で、「メールを送る」「資料を提出する」などは、撮影した動画を誰かが見ても「たしかにメールを送っている」「たしかに提出している」などとわかるので使って大丈夫です。こういった、**誰の目にも明らかな行動を示す言葉を選ぶことが、「紙1枚」を有効に使うポイントです。**

図 0-10　タスク・サブタスクの名前に使わない方がいい言葉

「死人テスト」 不合格	「ビデオカメラテスト」 不合格
・ミスしない ・テキトーにやらない ・遅れない ・忘れない ・いる ・座っている ・寝る	・考える ・検討する ・調べる ・見る ・思う ・関わる ・こだわる ・慎重にやる ・冷静にやる ・楽しむ

成果をタスク名にしてはいけない

やれば必ず消えるのがタスク

タスクに名前をつけるときに気をつけなければいけないことがもう1つあります。それは、**成果をタスク名にしてはいけない**ということです。たとえば、「人事評価でA評価をもらいたい」と考えたとして、それをそのまま「人事評価でAをもらう」というタスク名にするのはおすすめしません。「ホームページからの製品の注文を2倍に増やしたい」と考えても、「ホームページ経由の発注を2倍にする」というタスク名をつけるのは避けたほうが良いでしょう。

人事評価でAをもらうためのタスクを管理したいのであれば、「テレアポを1日に

30件する」といった**目標のための具体的な行動をタスク名にします。**ホームページ経由の発注を2倍にしたいのであれば、それにつながる行動として、「SEOコンサルと契約する」といったタスクに落とし込みます。

そもそも、タスクは実行できるものでなければなりません。成果は、タスクを実行したうえで、得られるか得られないかがわからないものです。もちろん、成果が得られるように最大限努力することは可能ですが、それをタスクの完了条件にしてしまうと、未完了のタスクがズラズラ並んでしまう可能性があります。成果と、それを実現する方法としてのタスクは分けるべきです。

成果をタスク名に入れてしまい、未完了のタスクがズラズラ並んでしまうと、**「やるべきことはやっているのに、タスクが消えない」**という状態になります。テレアポを毎日30件やったのに成績が上がらないなんてことはよくあります。それなのに、「成績が上がらず、評価も低いままだからこのタスクは未完了」としてしまうと、せっかくタスク管理をしているのにやる気が削がれてしまいます。やるべきことをやったら確実にタスクが消えていくように設定しましょう。

サブタスクは「あたりまえ体操」！とにかく細かく分解しよう

右足を出して、左足出すと、歩ける！

みなさんは、「あたりまえ体操」という歌をご存じですか？　お笑い芸人のCOWCOWが作った歌ネタです。「右足を出して　左足出すと　歩ける　あたりまえ体操」「手首を前に　何回かまげると　人来る　あたりまえ体操」といった歌詞が続いていきます。この曲を聴いて、多くの人は「あたりまえじゃないか！」と、笑いながら歌詞の内容にツッコミを入れたくなるはずです。

COWCOWは、たくさんの人を楽しませるためにこの曲を作ったのだと思います。けれどもこの「あたりまえ」が、タスクをサブタスクに分解するうえでは非常に重要です。大きなタスクでも、**「右足を出す　次に左足を出す」というくらいの「あたりまえレベル」のサブタスクに分解してほしい**のです。

たとえば、「会議用の資料を提出する」というタスクがあり、「このままではタスクが大きすぎて何から手をつけていいかわからないな」と感じたとします。でも、「以前の会議資料を参考に資料に盛り込むべき項目を書き出す」「この項目でいいか上司のDさんに質問する」「項目についてDさんから返答がくる」「各項目の本文を書いてみる」……というサブタスクに分解していったらどうでしょうか？　**なんだかできそうな気がしてきませんか？**　しかも、サブタスクの隣に今日の日付が書いてあろうものなら、すぐにでも以前の会議資料を探さなきゃ！　と動きたくなるのではないでしょうか。

もし、「以前の会議資料を参考に資料に盛り込むべき項目を書き出す」というサブタスクが「それでも大きすぎるな」と感じるのであれば、さらにこの部分を「以前の会議資料を自分のパソコンに保存する」「以前の会議資料の項目だけを抜き出して書く」……などに分解してみます。これならできそうな気がしてきませんか？

図 0-11　サブタスクは「あたりまえ体操」で分解

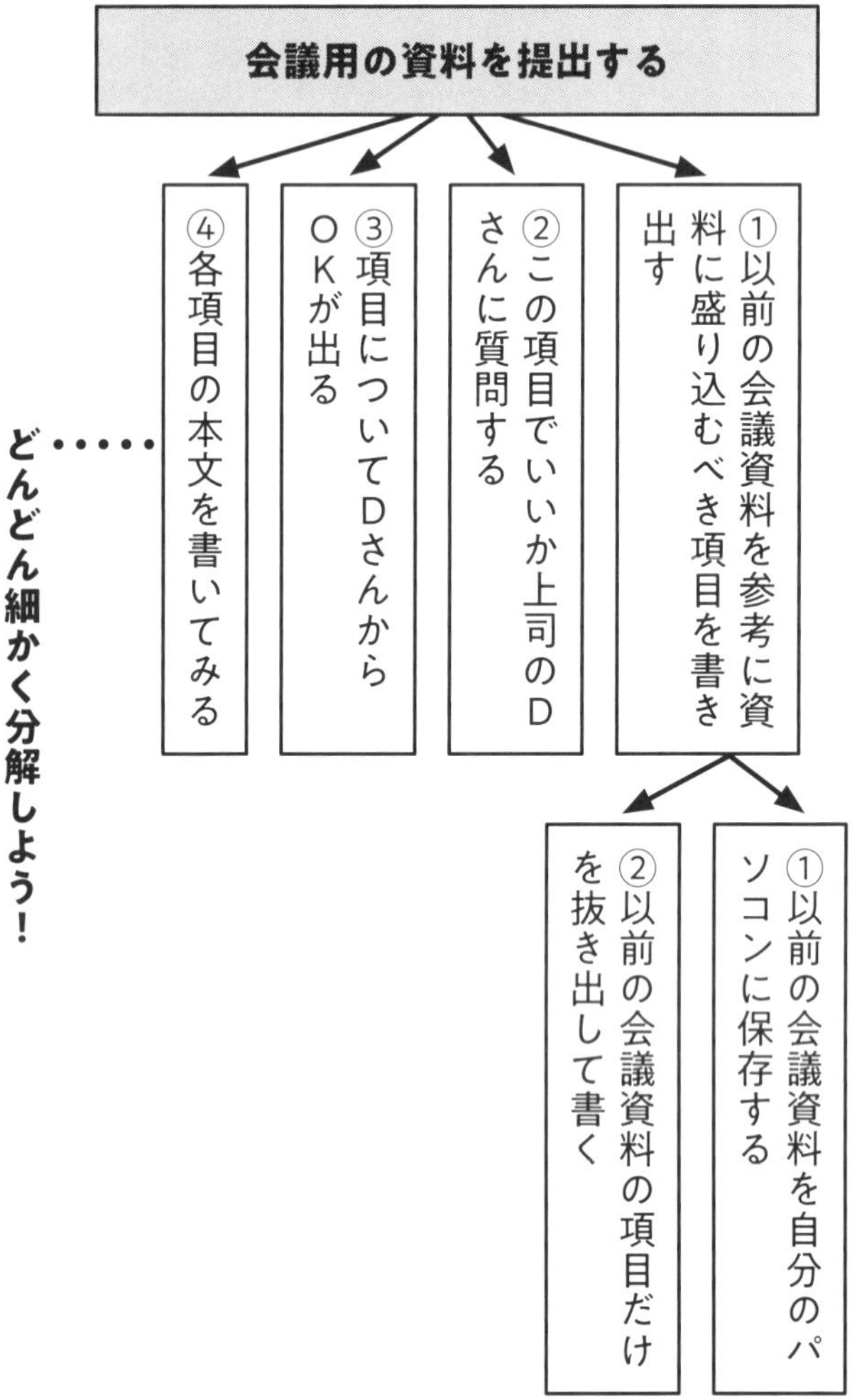
会議用の資料を提出する
①以前の会議資料を参考に資料に盛り込むべき項目を書き出す
②この項目でいいか上司のDさんに質問する
③項目についてDさんからOKが出る
④各項目の本文を書いてみる
①以前の会議資料を自分のパソコンに保存する
②以前の会議資料の項目だけを抜き出して書く
どんどん細かく分解しよう！

締切が先の仕事や規模が大きい仕事に携わると、どうしても「難しそうだな」「面倒くさいな」「まだやらなくていいか」と感じてしまいます。でも、タスクを細かく分解し、**「あたりまえ」レベルのサブタスクに落とし込めば、案外簡単に感じたり、案外早く動き出さないといけないことがわかったりするもの**です。

とはいえ、このサブタスクへの分解は、**そのタスクの習熟度や経験度によってそこまで細かくしなくても大丈夫、という場合もあります。**慣れていない仕事はとにかく細かく、何度もやっている仕事はやや粗めに、などとメリハリをつけてもいいかもしれません。同じタスクでも、入社1年目と入社10年目の社員を比べるとサブタスクに違いが出る、といったことはよくあります。

サブタスク同士に因果関係が成立しているか

意味のあるタスク分解になっているかを確認する指標として、**サブタスク同士に因果関係が成立しているか、**というものがあります。

たとえば、「自分が資料を作った『から』、先輩へ資料の確認を依頼できる」→「先輩に資料の確認を依頼した『から』、先輩がフィードバックをくれる」→「先輩がフィードバックをくれた『から』、フィードバックをもとに資料を修正できる」というふうに、**前のサブタスクの結果として、後のサブタスクが実行可能になる**ようになっていれば、因果関係が成立していることになります。サブタスクを洗い出しても、サブタスク同士にこの因果関係が成立しておらず、前のサブタスクの受け皿となるサブタスクがその後どこにも存在しない場合、サブタスクの順番が間違っていたり、必要なサブタスクが抜けていたりする可能性が高いです。

サブタスク同士の関係性が、原因と結果でつながっているか、タスクを実行する前に今一度、確認してみましょう。

最初から完璧な「紙１枚」を作れなくていい

サブタスクの見通しが立たないときはどうする？

すべてのタスクが、最初から抜け漏れなくサブタスクに分解できるわけではありません。たとえば、**長い期間をかけて行うタスクや非常に大きな規模のタスク**の場合、「途中まではやるべきことが思い浮かぶけれども、その先はどうなるかイメージできないな」ということがよく起こります。また、**相手のリアクション次第で次にやることが変わるタスク**の場合もあります。たとえば、「『商品の見積書を提出したら、その後に追加のプレゼン資料を作って送って』と上司は言っていたけれど、お客さまがその見積書に興味を示さなかったら、このタスクは不要になるな」というパターンです。

つまり、**「ここから先はどうなるかわからない……だからサブタスクを記入できない」という場面が出てくる**のです。

でも、それで大丈夫です。途中で「うっ」と筆が止まる場面が出てきたら、「見通しが立たない」という状況をそのまま受け容れましょう。そして、「紙1枚」を手に、上司や同僚に相談してみましょう。あるいは、とりあえず思いつく次のサブタスクを書いて実行し、また次のを……と順次書き足して実行していけば、いつか一気に視界が開け、見通しがつくときがやってきます。

また、先方の反応によって必要になったり不要になったりするサブタスクは、とりあえず書いておきましょう。不要になったら消してしまえばいいだけです。

「紙1枚」は、あなたの心を追い詰めるためのものではなく、あなたの心を受け容れ、落ち着かせるためのツールです。**最初から「完璧な1枚」を作る必要はありません。**あまり難しく考えず、**自分にわかるところから**書き出してみてくださいね。

タスク管理鬼五則

「紙1枚」の土台となる思考法

ある大学で講演をしたとき、担当の教授から、「小鳥遊さんのやり方を『タスク管理何ヶ条』みたいにまとめてみたら、わかりやすいかもしれませんね」と言っていただいたことがあります。その意見に端を発し、なぜか「電通鬼十則」を思い出して、「タスク管理鬼五則」なるものを作りました。本書の「紙1枚」仕事術の土台となる考え方を端的に表したものです。ちょっと強めの表現ですが、この5つさえおさえていれば、本書で紹介する「紙1枚」の形式をより自分に合うようにアレンジしても問題ありません。

図0-12　タスク管理鬼五則

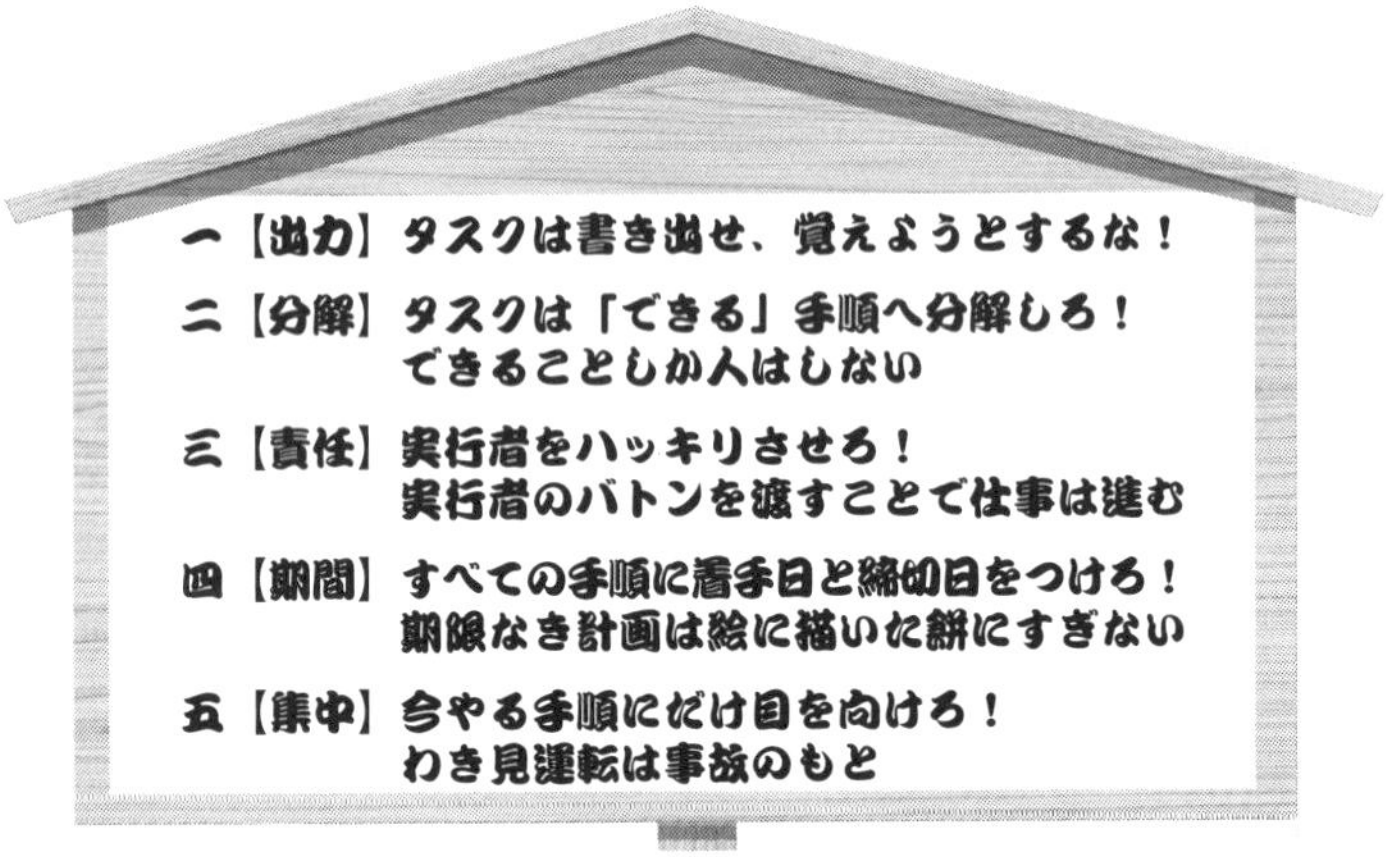
一【出力】タスクは書き出せ、覚えようとするな！
二【分解】タスクは「できる」手順へ分解しろ！
できることしか人はしない
三【責任】実行者をハッキリさせろ！
実行者のバトンを渡すことで仕事は進む
四【期間】すべての手順に着手日と締切日をつけろ！
期限なき計画は絵に描いた餅にすぎない
五【集中】今やる手順にだけ目を向けろ！
わき見運転は事故のもと

よく「どんなタスク管理ツールを使えばいいでしょうか？」という質問を受けますが、こういった質問には、「自分が気に入っている手帳などはありますか？」と聞くことにしています。愛着のあるものや、つい手に取って開きたくなるものを使い、タスク管理をする時間が少しでも楽しくなるようにできればそれでOKです。「紙1枚」仕事術を習得できるタスク管理ツールとして、公式には「タスクペディア」というものを巻末で紹介していますが、無理にお使いいただく必要はありません。

この「タスク管理鬼五則」の一から四までは、そのまま35頁から43頁に書いてある

「紙1枚」でのステップ1から4に対応しています。五については、54頁で紹介した「タスク一覧シート」の作成方法に対応しています。ご自身で「紙1枚」をアレンジしたい場合は、この5つの考え方ができているか確認してみてください。

なお、このタスク管理鬼五則に集約される「紙1枚」はあくまで準備であって、仕事は1ミリも進みません。ただ、準備を侮ってはいけません。「準備8割」などとよく言われていますが、私はそれどころではなく**「準備10割」**だと思っています。それによってもたらされる結果はおまけです。私は「会社には仕事をするためではなく『紙1枚』を更新するために行くのだ」と割と本気で考えていました。そのくらい「紙1枚」に重きを置いてはじめて結果が出せるようになったのです。

Column 1

初めてクビになった話　その1

司法書士試験の受験勉強中、司法書士事務所でアルバイトを始めました。「受験勉強中に事務員として実務を学び、合格後にその事務所へ勤務し、経験を積んで独立」というのがよくあるパターンだったからです。人柄の良い先生が開業している司法書士事務所に、アルバイトとして採用してもらいました。

あるとき、「現金入りの封筒を法務局にいるお客さまに届けてほしい」と頼まれました。私は意気込んで準備をし、電車に乗り込みました。ところが、電車に乗っている途中、携帯電話に通知が届きました。事務所のスタッフからです。開いてみると、「小鳥遊さん、封筒を忘れていますよ」とのこと。慌てて電車を降りて事務所まで引き返し、再度法務局へ向かいました。お客さまを少しお待たせしてしまったものの、なんとか事なきを得て、お金を渡すことができました。

その後、私はまるで何事もなかったかのように事務所に戻り、定時になったら「お疲れさまでした」と帰宅してしまいました。今考えれば、「今日はこういう失敗をしてしまい、すみませんでした。こういう対策を取って今後は失敗しないようにします」といったやり取りがあってしかるべきでした。ところが、私の中に「先生にバレなければいいや」という思いがあり、ミスがなかったかのように振る舞おうとしてしまったのです（COLUMN ②　94 ページへつづく）。

Chapter 1

締切を制する者は、発達障害を制す

——時間管理——

締切がない仕事はない！

「締切なんて大っ嫌い！」から「締切がないと気持ち悪い」へ

締切がない仕事というものは、原則的に存在しません。「手が空いたときでいいから」とか、「いつでもいいから」と相手が言っている仕事でも、よくよく聞いてみると実は締切が存在しているものなのです。

締切って嫌ですよね。私も大っ嫌いでした。採用面接で、「どんな仕事が苦手ですか？」と聞かれたときに、「締切がある仕事が苦手です」と答えたほどです（その面接は当然落ちましたが）。でも今は、**締切大好きです。**締切がないと、「紙1枚」が完成しないので、締切がわからないタスクがあると気持ち悪いと感じてしまいます。

締切の欄は、相手に聞いてでも埋めよう

もし、相手が締切をはっきり言わない場合でも、必ず締切を決めるようにしましょう。

たとえば、「こういう資料を作ってほしい。締切は特にないんだけどね」と言われたとします。こういった場合、明確な締切を設定する労力を省いているか、こちらに気を遣ってくれているかのどちらかで、いずれにしても締切は存在していることがほとんどです。

したがって、**誰かから「締切は特にない」と曖昧に仕事を頼まれた際は、あなたの方から締切を確認するようにしましょう。**具体的には、次の**3ステップ**がおすすめです。

❶たとえ「締切はない」と言われても、**「いや、きっとあるはず」と思う**ようにする。

❷**自分の仕事のその先について質問**してみる。たとえば「こういう資料を作ってほしい」と言われたら、「その資料はその後、いつ、どんなふうに使われるんですか?」などと質問する。そして、「来週の金曜日に会議があるので、そこでみんなに配りたいんだ」といった**締切に関連するコメントを引き出す。**

❸締切に関するコメントを引き出せたら、**自分から締切を提案**してみる。たとえば、「来週の金曜日の会議に必要なのだとしたら、来週の木曜日までに提出すればいいですか?」といった具合です。

ここまですれば、大体締切は決められます。「紙1枚」仕事術は、締切を守らせてくれる強力な仕組みですが、そのためには**締切を決める必要があります。**ぜひ、ここはこだわってやってみてください。

「なるはや」の意味にはかなり幅がある

仕事を頼まれる際に**「なるはやで」**と言われることも、たまにありますよね。「なるべく早く」の略ですが、このときの対応にも注意が必要です。

以前の私は、「なるべく早くというのだから、優先順位は高いんだろうな……」と想像して、**今やっている作業を中断し、頼まれた仕事を最優先で終わらせよう**としていました。

ただ、今思い返すと、相手の言う「なるはや」と自分が想像していた「なるはや」の間にはかなりのギャップがあることが多かったです。「なるはやで」と言われたので急いでやったのに、実は相手はそれほど急いでいなくて、本当はもっと急がないといけない仕事があった、なんてこともしばしばでした。

「紙1枚」を使い始めてからは、「なるはやで」と頼まれた場合も、**「何曜日の何時ま**

でにできあがっていたら大丈夫ですか?」などと、締切の具体的な日時を聞くようにしていました。相手の**「なるはや」が自分の優先順位1位とは限らないからです。**

もし、このように聞いても「うーん、そうだなあ……」と具体的な日時の回答が得られなかったら、**「わかりました。来週の月曜日の夕方までにお渡ししますね」**などと、逆にこちらから提案してみましょう。万が一、「それじゃ遅い」と相手が感じたら「いや、今週の金曜のお昼までにお願い」などと言ってくるはずです。

本当に「なるはや」だったときの対応

もちろん、相手が頼んできた仕事が本当に「なるはや」だった経験もあります。

3社目の某メーカー企業でのこと。私が朝出社するやいなや、上司から「契約書の確認を急いでしてくれ」と言われました。「いつまでですか?」と聞いたら、「なるはや」とのこと。「今もう契約の相手が会議室に来ていて、10分でしてくれ」と続けて言われました。

この「契約書の確認」の通常の流れは、まず私が契約書を確認して、その後、さらに弁護士にチェックしてもらうというものだったのですが、弁護士チェックはできそうにありませんでした。そこで、「弁護士のチェックをする時間はないですけれどいいですか？」と上司に念押しし、「いい」と返答をもらってから私は仕事に取りかかりました。

相手から「なるはやで」と言われたときに重要なことは、**「『なるはや』という差し迫ったスケジュールで私に依頼した」ということをそれとなく相手との共通認識にしたうえで全力を尽くすこと**です。

もし、それでも「なるはや」で対応した仕事にミスがあった場合、自責傾向が強いと、「急いでやったら自分の不注意なところが出てしまった……」と自分を責めてしまう人もいるかもしれませんが、そこは割り切って「全力は尽くしますが、仕事の精度は多少低くなることは理解してほしい」という姿勢でいきましょう。人間は機械ではないのですから、急げばそれだけ仕事が粗くなるのは当然のことです。

「間に合うかどうか」はどれだけ早く「まずい」と思えるか

夏休みの最終日になると、人は馬力を出せる

カナダのカルガリー大学ビジネススクール教授であり、先延ばし（本書では「先送り」という言葉を使っています）とモチベーション研究の第一人者として知られている、ピアーズ・スティールという人がいます。その人の著書『**ヒトはなぜ先延ばしをしてしまうのか**』の中では、「先延ばししないようにするには、どのような行動プランを設定すればいいのか」について論じられています。彼が重要なポイントの1つとして挙げているのが、**「現在から近い締切を設定すること」**です（この研究に基づけば、「サブタスク」への分解だけでなく、「着手日・締切日」の設定も先送りの特性をカバーするのに

図 1-1　仕事は夏休みの宿題のようなもの

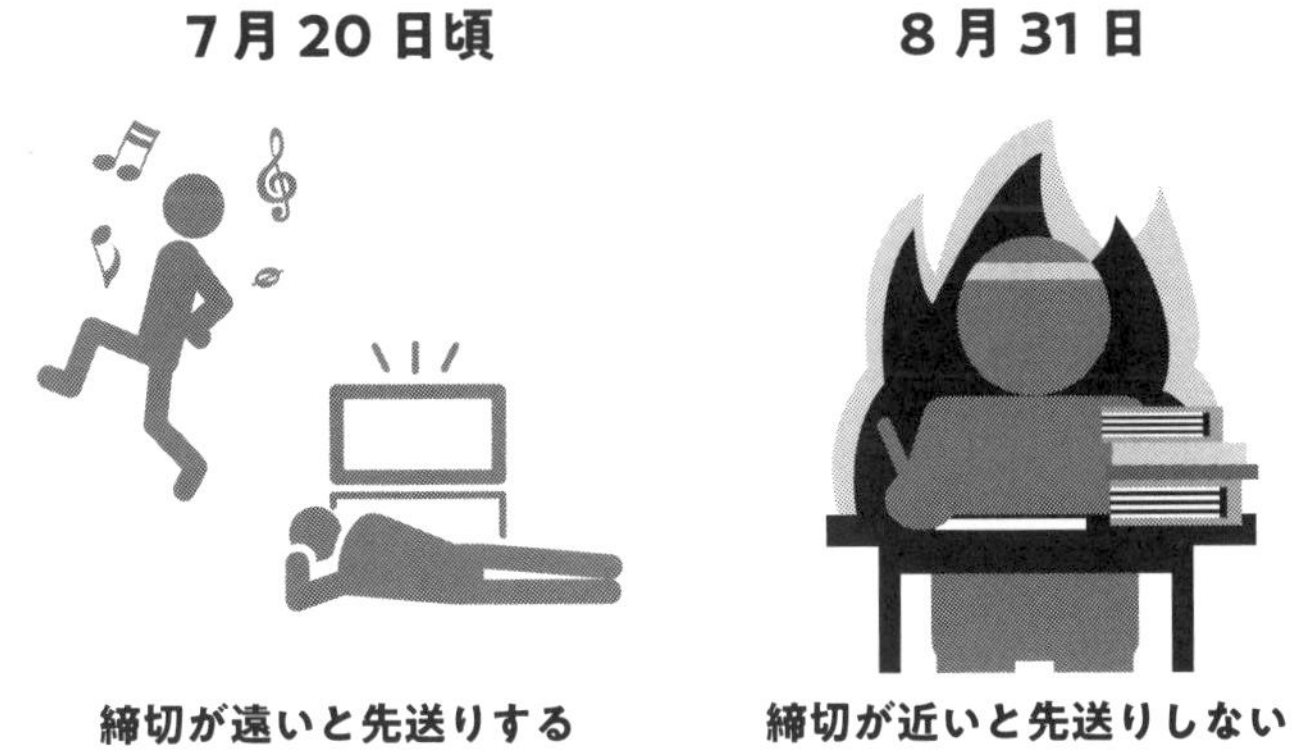
7月20日頃
8月31日
締切が遠いと先送りする
締切が近いと先送りしない

一役買っていることになります）。

イメージしやすいのは、**夏休みの宿題**です。7月20日あたりなんて、ほとんどやる気は起きませんよね。8月初めくらいも、「まだまだ遊ぶぞ！」と宿題のことなんてそっちのけです。でも、8月31日になったら、どうですか？　もう馬力を出すしかありません。「締切最終日に頑張ったら何とか間に合った」という経験は、多くの人が共感してくれるのではないでしょうか。

仕事は「最終日」だけでは何とかならない

この夏休みの宿題と同じことが、仕事に

も言えるのです。ただ1点違うところは、**仕事の場合、最終日だけでは何とかならないということです。**

だから、タスクをサブタスクに細かく分解し、その1つ1つに細かく締切を設定していくのです。そうすれば、自ずと1つ目のサブタスクの締切は現在から近い日付になるはずです。「このタスク自体は1週間後の締切だけど、1つ目のサブタスクは今日中に終わらせないといけないんだな」といったことが見える化され、毎日を「最終日」にすることができます。

サブタスク1つ1つは、大した作業ではないことが多いので、「最終日」に着手しても間に合う可能性が高くなります。そのためにも、はじめのうちは1日以上かかるサブタスクは、より細かく分解しておくことをおすすめします。

エンジニアの思考法を取り入れよう

「1日以上かかるサブタスクは、より細かく分解しておいた方がいい」とは言うものの、そもそもサブタスクの所要時間を見誤っていては、元も子もありません。そこでおすすめなのが、「自分の時間の見積もりは間違うもの」と考えてサブタスクにかかる時間を自動的に3倍に見積もることです。

これは、1つの工程の遅れがプロジェクト全体を破綻させてしまうエンジニアの世界で広く浸透している思考法です。たとえば、自分が「3時間かかりそうだな」と思ったら、「9時間かかる」と見積もるのです。その3倍の見積もりから逆算して、「着手日」と「締切日」を設定していくと、**やってみたら間に合わなかった、という事態を回避できます。**

「やるしかない！」と意気込んで最初から現実的ではない日付でスケジュールを組んでしまい、スケジュールが形骸化してしまう（最終的にはそのスケジュールをもとに動けなくなる）というのは、タスク管理でありがちな失敗なので、「着手日」から「締切日」までの期間の考え方はとても重要です。

サクサクできる仕事は「2倍」で設定

「自分が思う3倍で設定してたら、いくら時間があっても足りないよ」と感じる人がいるかもしれません。けれども、遅れが許されないエンジニアの世界では、実際にここまでしないとトラブルを回避できないわけですし、私の実感値から考えても**「3倍は決して大げさではない」**という結論です。

なお、**「これは何度もやってるから、サクサク進められるぞ」というサブタスクに関しては、見積もり量を「自分が思う2倍」に変更してもよい**と思います。このときに、「サクサク仕事ができるんだから、1倍でいいのでは？」と考えてしまう人もいますが、「1倍」は「何もトラブルが起きない」前提なので避けた方がいいです。**実際の職場では、特に私たちのような特性があると、ノンミス・ノントラブルで万事上手くいくことの方が珍しい**と考えましょう。

スケジュールに無理があるとわかったら……

スケジュールを立ててみたら、実際の締切にはどうにもこうにも間に合わない、こういうパターンもあると思います。本来は、こういう事態にならないよう早め早めに「紙1枚」を作って着手日を前倒ししていくべきなのですが、現実問題、そう悠長なことを言っていられないタスクも発生しますよね。

そういうときは、**「それぐらい切羽詰まっているんだ」という事実が早い時点でわかったことだけでも価値があります。**本当に締切は動かせないのか、ショートカットできるサブタスクはないのか、周りの人と協力して早く終わらせられるサブタスクはないのかなどを仕事の依頼主や上司などと相談できるからです。決して自分だけでこの状況を抱え込んで、自分を追い詰めてはいけません。「締切に間に合わないかも」とわかったときに必要なのは、そのまま「えいや!」と進めることでも、思考停止することでもなく、こういった**現実的な課題解決につながる具体的な行動**です。

優先順位は「1位」か「それ以外」か

優先順位のつけ方はシンプルに

この章の最後に、優先順位のつけ方についてお話しします。締切を守るうえでは、優先順位づけが大きく関わってくるからです。せっかく締切を決めても、優先順位を間違えて着手してしまうと意味がありません。

私が仕事の優先順位を決める基準は、非常にシンプルです。**一番締切が早いサブタスクが優先順位1位です。**

「1位か？　それ以外か？」ただ、それだけです。

優先順位という言葉を聞くと、「1位はこれ、2位はこれ、3位はこれ……」と上から下まで順に並べることを想像してしまうかもしれませんが、5つのサブタスクがあった場合、その5つを「1位〜5位」の順に並べる必要はありません。**締切が一番早いサブタスクを「1位」と決めて実行するだけ**です。**自分が実際に取り組める仕事は1つだけだから**です。

たとえば、あなたがタスクA、タスクB、タスクCを並行して進めているとします。タスクAの次回サブタスクの締切が4日後、タスクBの次回サブタスクの締切が3日後、タスクCの次回サブタスクの締切が今日だとしたら、何から始めますか？

答えは、タスクCの次回サブタスクです。たとえタスクAの最終的な締切の方がタスクCの最終的な締切よりも早かったとしても、答えは変わりません。

ここで割り込みタスクDが入っても、それをサブタスクに分解して、その1つ目の

図 1-2 「紙 1 枚」仕事術の優先順位のつけ方

タスク	着手日	締切日
タスク A	7/10	7/21

No.	サブタスク	ステータス				着手日	締切日
1	~~終わったサブタスク~~	~~自分~~	~~相手~~	~~予定~~	~~いつか~~	~~7/10~~	~~7/13~~
2	~~終わったサブタスク~~	~~自分~~	~~相手~~	~~予定~~	~~いつか~~	~~7/15~~	~~7/18~~
10	次回のサブタスク	自分	相手	予定	いつか	7/20	7/20

タスク	着手日	締切日
タスク B	7/14	7/19

No.	サブタスク	ステータス				着手日	締切日
1	~~終わったサブタスク~~	~~自分~~	~~相手~~	~~予定~~	~~いつか~~	~~7/14~~	~~7/14~~
2	~~終わったサブタスク~~	~~自分~~	~~相手~~	~~予定~~	~~いつか~~	~~7/15~~	~~7/17~~
3	次回のサブタスク	自分	相手	予定	いつか	7/19	7/19

タスク	着手日	締切日
タスク C	7/15	7/28

No.	サブタスク	ステータス				着手日	締切日
1	~~終わったサブタスク~~	~~自分~~	~~相手~~	~~予定~~	~~いつか~~	~~7/15~~	~~7/15~~
2	次回のサブタスク	自分	相手	予定	いつか	7/16	7/16
3	これからのサブタスク	自分	相手	予定	いつか	7/18	7/20

「1位」は
これ！

サブタスクが、今まさにやっているタスクCの次回サブタスクよりも締切が遅いのであれば、着手するのはタスクCの次回サブタスクの方です。

優先順位で見るべきはサブタスクの締切のみ、こんなふうにシンプルに考えると、優先順位をつけるって、案外できそうな気がしてきませんか？

もちろん、締切以外の要素で優先関係を前後させる必要があるときもあるかと思いますが、まずは締切の前後の確認から始めるところは外さないようにしています。そのうえで、同じ締切日のサブタスクが複数ある場合は、「簡単な順」「難しい順」「依頼主が偉い順」「依頼主が怖い順」など、自分の直感で決めていいと思います。一番避けなければいけないのは、複雑に考えすぎて「どれからやろう……」といたずらにムダな時間を過ごしてしまうことです。「拙速は巧遅に勝る」です。

Column 2

初めてクビになった話　その2

お金が入った大事な封筒を忘れてしまったこと、私がそれをなかったことのように振る舞ったこと、その一部始終を事務所の先生は見ていたのです。

それまで先生は、私の度重なる失敗にも寛容でいてくれました。「まあそういうこともあるよね」とか、「次からは気をつけてね」とか言って、多めに見てくれていました。けれども、この一件で、私はミスをごまかそうとしてしまいました。先生は、「ミスをした私」ではなく「ミスを隠そうとした私」に失望したのです。

先生は私を会議室に呼び出し、「事務所の鍵をこのデスクに出しなさい」と言いました。私がデスクの上に置くと、サッとその鍵を取り、言いました。

「もう君にこの鍵を持たせておくことはできない。ほかの誰かがいるときに君が図書館の代わりとしてこの事務所を使ったりするのはいいし、実務経験を積むためにボランティアをしたいならしてもいいよ。でも、アルバイトとして君に仕事の対価を払うことは、ほかのスタッフの手前もあってもうできない」

先生は、話しながら目に涙を浮かべていました。私はそんな先生の優しい心情に感じ入りつつ、「うわー！これがクビか……!」と心の中で叫びました。

Chapter 2

「安心感」は自分の手で作るもの
——メンタル——

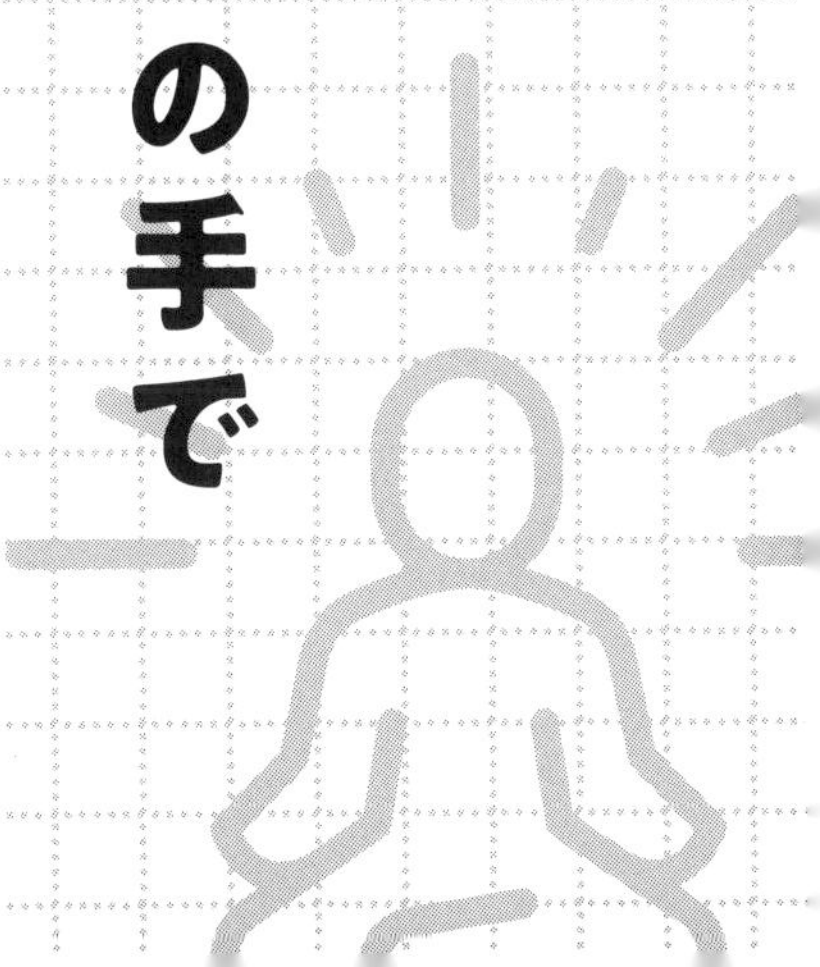

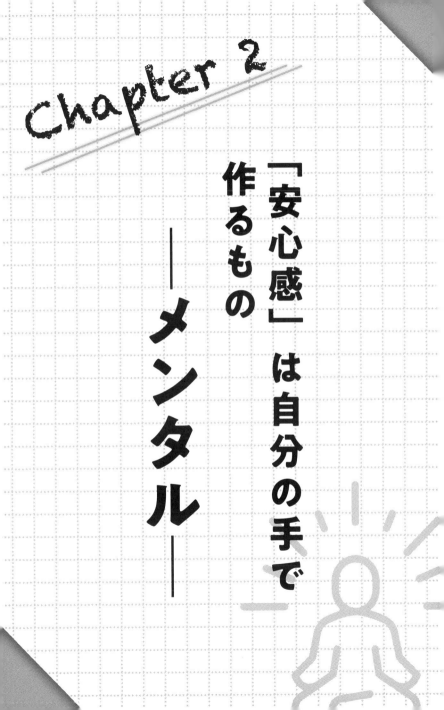

「恩返し」精神は取り扱い注意！

「こんな自分」を採用してくれた

発達障害の人の中には、**「こんな自分を採用してくれた会社に恩返しをしなきゃ」**という気持ちで頑張っている人もいるかもしれません。まさに、私がそうでした。特性ゆえに失敗を繰り返し、周囲に迷惑をかけ続けてしまい（と思い込み）、「どうせこんな自分なんかどこも採用してくれないだろう」と思っていました。

ところが、「こんな自分」を採用してくれる会社があったのです。枠は障害者雇用でしたが、給料はほどほどに食べていける金額で待遇も正社員という私にとっては満足いく条件でした。しかし、嬉しかったのと同時に、「こんな自分だから、仕事でまた迷惑をかけてしまうかもしれない。仕事ができなさすぎて続けるのが辛くなったとき、自分も苦しいだろうし会社に対しても申し訳ない……」という思いがありました。

そこで、採用がほぼ確定している段階の面接で、「(辞めづらい)正社員ではなく、(辞めやすい)アルバイトでの採用にしてもらえますか?」と私の方から提案しました。面接官は困ってしまったらしく、「では、間を取って契約社員でどうでしょうか?」と逆提案され、契約社員として働くことになったのです。この対応に会社の誠意を感じ、「こんな自分を採ってくれたんだ! この会社に恩返しをするために自己犠牲を厭わず頑張るぞ!」と心に決めました。31歳、初めての就職でした。

ここで話を締めくくれば、就職に成功してめでたしめでたしという美談にも聞こえます。しかし、**この「恩返し」の考え方は、その後、私の心身をむしばんでいくことになります。**

「恩返し」精神でタスクを抱え込みすぎる

初めての会社員生活、最初はとても順調でした。職場の人たちはとても優しく、理解し励まし合える同期もいて、楽しく充実した毎日を送っていました。

けれども、「恩返しをしなければ」という気持ちはやがて、「なんでもやります！」という精神状態に変わり、**その結果、タスクを1人で抱え込みすぎていつしか心身ともに限界を超えました。**疲れすぎて、電車で帰ることも辛くて、タクシーを使って帰宅することもしばしば。片道1万円を超えましたが、そんなこともどうでもよくなっていました。

加えて、親会社との合併によりパワハラ気味の同僚と一緒に仕事するようになったことをきっかけに、ミスや叱責されることが増え、私の特性がさらに目立つようになり、よけいに仕事が回らなくなって私のメンタルは完全に崩壊してしまいました。

「紙1枚」は、メンタルを守り自分を救う

もし、このとき、「紙1枚」仕事術と出合っていたら、自分がいかに多くのタスクを抱えて無茶しているのかを客観視することができ、上司に相談したり、仕事と距離を取ったりすることができたと思うのです。

過去の私のように、失敗を数多く経験し、自信をなくして自分を過小評価している人は、それを取り返すかのように「恩返し」や「なんでもやります」という精神論に傾倒し、後先考えずにタスクを抱え込みやすくなるので要注意です。そうなってしまいそうになったら、「紙1枚」であなたの大変さや忙しさを見える化し、自分のメンタルを守り抜くための行動をしましょう。

「過度な自責傾向」は甘美な罠

相手のミスも「100%自分が悪い」と考えてしまう

前述のとおり、私は自責傾向が強い人間です。自責傾向を心理学の用語では**「自己関連づけ」**と言います。

よく挙げられる例としては、子どもが事故やケガにあった際、その親が「自分の注意や配慮が足りなかったからだ……自分は親失格だ」と考えてしまうケースです。何か良くない出来事が起こったとき、実際に悪いのは車だったり、障害物だったりするわけですが、「親である自分が100%悪い」と過剰に捉えてしまうのです。

私の場合、一緒に仕事している人がミスをしても、**「相手がそんなふうにミスして**

しまったのは、もともとは自分が悪いからだ」と考えてしまう傾向があります。

たとえば、1社目の某IT企業ではこんなことがありました。

その企業には、A部署に業務委託のプログラマーが多数在籍しており、私は総務として、その人たちが使用するカードキーの管理を担当していました。あるとき、業務委託の1人が契約終了になりました。その人のカードキーは、当然A部署の誰かが預かっているはずです。私はA部署に行って「契約が終了した○○さんのカードキーを返してください」と言いました。

ところが、A部署の人には、「えーっと、どこに行ったかな……？　探しておくよ」と軽くあしらわれてしまいました。しかたなく総務部に帰ってきたところ、上司から「しっかり管理しなきゃダメじゃないか」とたしなめられたのです。

本来、これはA部署で起こったことなので、「カードキーを紛失したのは、そのA部署の人であって、自分ではない」と考えてもいいかもしれません。でも、「そろそろ契約が終了する方がいらっしゃるので、その方から忘れずにカードキーを返却してもらっておいてください」などと私がアナウンスしておけば、このようなトラブルを防げたかもしれません。そのように考え、「カードキー管理担当としての責務をまっとうしていない私が悪いのではないか?」と思ってしまったのです。しかも、「相手も半分くらいは悪いよな」と思えばいいところを、「100%自分のせいだ!」と自責方向に振り切ってしまったのです。私としては、相手のせいなのか自分のせいなのかを考えることを避け、100%自分のせいだと考える方が楽なのです。「責任感があって立派」な人でいるために、「わかりました。自分が悪かったです」と話を収めてしまいたくなるのです。これこそが**甘美な罠**。負わなくてもいい責任、負い切れない責任まで負いすぎて、取り返しがつかないほど事態が悪化してしまったこともありました。

「紙1枚」で責任の所在を意識できるように

「コピーをとる」レベルの小さな突発タスクは、「紙1枚」に落とし込んでいない場合もありますが、それでも「紙1枚」仕事術をやり始めてから、「相手の責任であるにもかかわらず自分の責任だと思い込む」ということはかなり少なくなりました。

それは、**いつも「紙1枚」で「このサブタスクは誰がボールを持っているか？」と考える習慣ができたから**です。怒られそうになったら一度立ち止まって、「『退職した業務委託のプログラマーが置いていったカードキーを総務部に返す』というのは、どう考えても『相手』ボールだよな」と振り分けることができるのです。

「紙1枚」仕事術は、**私のような発達障害の特性のある人が職場でうまくやっていくための考え方、仕事のやり方そのもの**です。たとえその場に「紙1枚」がなかったとしても、**「紙1枚」で身についた考え方は、必ず職場であなたを守ってくれます。**

自分を責めるな、仕組みを責めろ

「ヒューマンエラーはシステムエラー」

「紙1枚」は、自分がミスをしたときのダメージを軽減することができます。**「ミスしたのは自分が悪いのではなく、仕組みが悪いんだ」**と捉えられるようになるからです。「仕組みが悪い」と考えると、2つのメリットがあります。

1つは、**より現実的な課題解決ができる**ということです。

たとえば、自分が作った会議資料に対し、参加者から「この数字、間違っていますよ」という指摘が入ったケースについて考えてみましょう。

「自分が悪い」という考え方をしていると、「しまった。どこで間違えたんだろう。次はもっと気をつけよう」といった具体性のない解決案しか思い浮かばないかもしれません。そうなると、同じようなミスが繰り返されることになります。

一方、「紙1枚」を使って「仕組みが悪い」と考えられるようになるとどうでしょう。「なるほど、『会議前に上司に確認する』というサブタスクが抜けてたな。でも会議直前だと上司が忙しくてちゃんとチェックしてくれないかもしれない。もう少し早く資料を作成して、会議の1日前に上司に見せるようにしよう」「特にチェックしてほしい数字を赤文字に変えておけば上司もチェックしやすいかな」など、**同じミスが繰り返されないための現実的な対策を練ることができます。**

もう1つは、**落ち込みすぎを回避できる**ということです。悪いのは、自分ではなく、もちろん相手でもありません。つまり、**「人」が悪いわけではありません。**人にダメ出しをすれば心が傷つきますが、仕組みにダメ出しをしても誰の心も傷つきません。

そのため、遠慮せずに指摘や改善ができます。失敗を反省することは大事なことですが、仕事が手につかなくなるほど落ち込んでしまっては、誰のためにもなりません。**「紙1枚」を目の前に置き、「ヒューマンエラーはシステムエラー」と唱えましょう。**

仕事に追われる不安感は、「紙1枚」でなくなる

定期試験最終日の、あの感覚を……

学校の定期試験の最終日っていいですよね。「もう勉強しなくていいぞ！　全部忘れていいぞ！」というこの上ない解放感を味わえます。

私は会社員時代、「紙1枚」仕事術をやり始めてから、退社時に毎日この解放感を味わっていました。「今日はもう終わり！　仕事のことは忘れていいぞ！」と思えたのです。

それまでの私は、ずっと仕事に追われている感覚がありました。平日の夜はもちろ

ん、休日でさえも仕事のことが頭から離れず、「あれも終わっていない、これも終わっていない」「また何かミスしている気がするぞ」と、あらゆる心配事が頭にあふれ、家に帰っても休んだ気がしませんでした。

よく「仕事のことなんか忘れて飲もう」なんて言ったりしますが、そんな気持ちになれたことは一度もありませんでした。あれも気がかり、これも気がかり……。まるで重い荷物がパンパンに詰まったリュックを、職場からずっと持ち歩いているようでした。

ところが、「紙1枚」でタスク管理を始めてからは、その重いリュックを職場に置いてくることができるようになりました。「紙1枚」という信頼できるツールに仕事の全情報と進行管理を預けて職場を出ることで、「忘れちゃいけないことは全部ツールに書いてある！　今気にしなきゃいけないことはない！」と、**精神的にも物理的にも、仕事から距離を取れる**ようになったのです。

「タスク管理」というと、タスクにがんじがらめになるような印象がありますが、むしろ実感としては**「タスクからの解放」**です。タスクを職場に置いて、身も心も軽くなって自分の時間を心ゆくまで楽しめるようになりました。

図 2-1　パスを回したら仕事と心の距離を置く

5	名刺印刷会社へ返答	自分	相手	予定	いつか	2/14	2/15
6	名刺が納品される	自分	相手	予定	いつか	2/15	2/19

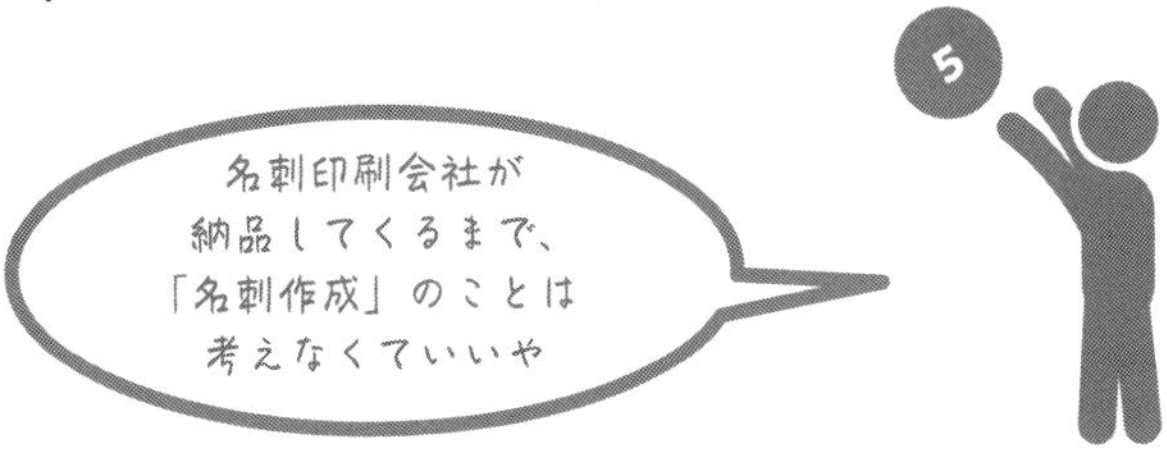

ボールがないときはリラ〜ックス

「紙1枚」仕事術は、退社後や休日だけでなく、会社にいるときも「仕事に追われる感覚」から解放させてくれます。**「自分がボールを持っているか？　相手がボールを持っているか？」を意識しながら仕事に向かえる**からです。

職場で割り振られるタスクというのは、複数の人がボールのパスを回しながら完了していきます。序章で例に挙げた「名刺作成」のタスクで言えば、「名刺作成」自体は自分のタスクでも、自分がボールを持っている工程は全体の半分ほどしかありませ

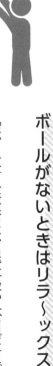

んでした。たとえば、「最終確認し、名刺印刷会社へ『このまま印刷して大丈夫です』と伝える」という自分のボールを相手に投げた後、「名刺印刷会社が名刺を印刷し、私のところへ納品してくる」というボールが相手から返ってくるまでは、私のところにボールはないわけです。

パスを回して自分にボールがないタスクについて、あれこれと考える必要はありません。「あの件のことはいったん忘れよう」とこまめに距離を置くことができます。相手にボールがあるタスクは自分には何もできないので、考えてもしかたがないのです。私のように自責傾向が強い人は、「そんな無責任な」「実は自分がミスしてたらどうするの？」なんて思うかもしれませんが、そこは「紙1枚」に全幅の信頼を寄せて、心の荷物を預けてみましょう。相手ボールは相手ボールです。また、「紙1枚」のとおりに仕事を進めたのにうまくいかなかったのなら、「紙1枚」（仕組み）を責めればよいのです。

仕事を長く継続していくためには、この**仕事と距離を置くことがとても重要**だったりします。

「覚えておこう」は百害あって一利なし

抜け漏れの最大要因

前述のとおり、抜け漏れは私の5大特性の中でも一番厄介な悩みでした。複数の仕事を同時進行すると、その中の少なくとも1つはすっかり抜け落ちてしまったり、「これやっといて」と言われた重要なタスクを数分後には忘れてしまったりすることがしばしばでした。

この抜け漏れに対して、**やってはいけないことが1つあります。それは、「覚えておこう」とすること**です。以前の私は、抜け漏れが多い自分を責めて、とにかく何でも覚えておこうとしていました。こう言うとすごく頑張っているように聞こえるかもしれませんが、要は**何かに書いたり、今すぐ着手したりすることが面倒くさかった**のです。

「覚えておこう」は実質何もしなくていいことと同義なので、自分が苦痛に感じることから逃れようとしているとも言えます。それで本当に覚えておければいいのですが、結果、「うわ、そういえばあれやっていなかった！」という抜け漏れにつながることがほとんどです。**「覚えておこう」は抜け漏れの最大要因**です。

「覚えておこう」はメンタルにも悪い

「覚えておこう」とすることには、抜け漏れを発生させるほかに、もう1つ悪い点があります。それは、覚えておけても覚えておけなくても、**「なんかよくわからないけど忘れてはいけないことがある」という心理的ストレスがかかり続けること**です。私の場合、「覚えておこう」ということがいくつもあると、「忘れてしまったらどうしよう」という不安感が自分の中に渦巻き続け、目の前の仕事への集中も削がれてしまいます。抜け漏れはする、メンタルには悪い。**「覚えておこう」は百害あって一利なし**です。

人は1時間経つと56％忘れている

さらに、「覚えておこう」とすることの弊害を知ってもらいたいので、記憶に関する豆知識をお話しします。

みなさんは、**エビングハウスの忘却曲線**という言葉をご存じですか？　ドイツの心理学者ヘルマン・エビングハウス氏が行った非常に有名な実験の結果です。どういう実験かというと、「人は記憶したことをどのくらいのスピードで忘れていくか？（もう一度覚えるのにどれだけの労力を必要とするか？）」というもの。その実験によると、人は、**「20分経つと記憶の42％忘れており、1時間経つと56％忘れている」**そうです。これは発達障害の人を対象とした実験ではありません。発達特性の有無に限らず、人はそもそも忘れやすい生き物なのです。

ここで想像してみてください。もしも**「20分後には42％の情報が消去されてしまうUSBメモリ」「1時間後には56％の情報が消去されてしまうUSBメモリ」があったら、あなたはそのUSBメモリを使いますか？**　私は怖くて、そんなUSBメモリは使えません。でも、「脳の中で覚えておく」ということは、そういう危ういUSBメモリで情報を保存していくことと同じなのです。ましてや、抜け漏れがひどいと自覚している人の場合、情報の消去率は「20分後に42％」「1時間後に56％」どころではないかもしれません。

言ってしまえば、「覚えておこう」は情報を捨てるようなもの。**情報を取っておくためには、脳の外で保存しておくのが正解**です。

「紙1枚」を通して、**「忘れてしまうのはしかたがない」**と思えたことは、抜け漏れに悩む私にとっては貴重な気づきでした。**「脳の中で覚えておく必要はなくて、脳の外で覚えておけばいい」**という発想を持てれば、抜け漏れも怖くありません。

「面倒くさい」は幸せの青い鳥

「面倒くさい」は「分解しよう」に脳内変換

会社で、「すみませんが、面倒くさいんでこの仕事やらなくていいですか？」なんて言ったら、白い目で見られてしまいますよね。「面倒くさい」という気持ちは、社会的にあまり褒められるものではありませんし、「面倒くさいなんて言ってないで早くやりなよ」とたしなめられてしまうでしょう。

でも実際、この「面倒くさい」とうまくつき合えるかどうかは、私たちが仕事を続けるうえでかなりの死活問題です。

「面倒くさくて先送りにする」➡「タスクが溜まりすぎて追い込まれる」➡「先送りにした自分を責めて落ち込む」➡「心が疲れてしまう」という負の連鎖から自力で抜け出すのは、至難の業だからです。

では、なぜ私たちは「面倒くさいなあ」と感じてしまうのでしょうか？　先に述べたとおり、その理由は「何から手をつけていいか思い浮かばないから」です。

逆に言うと、「面倒くさい」と感じたら何から手をつけたらいいかを明らかにすれば進められるのです。いわば、**「面倒くさいなぁ」という気持ちは、サブタスクが大きすぎることを知らせてくれる幸せの青い鳥**です。そのサインを頼りに、サブタスクをどんどん細かくしていきましょう。

「タスク分解のコツ」を本やネットで調べると、そのためのフレームワークがたくさん出てきますが、「紙1枚」では自分の面倒くさい気持ちを頼りに分解することが一番のコツです。「面倒くさい」という気持ちが仕事上の重要なサインだと思えたら、少しは自分を許してあげられそうじゃないですか？　**「『面倒くさい』というサインが**

出たぞ！　よし、サブタスクを分解しよう」と変換する思考習慣ができたら無敵です。サブタスクをザクザクカットしていくうちに、面倒くさい気持ちはどこかへ飛んでいき、代わりに「面倒くさくない」サブタスクのリストができあがります。

「面倒くさい」が「できない」に変わるとき

「面倒くさい」は「サブタスクをもっと分解しよう」のサインだと書きましたが、それが高じて「できない」になったら、それはもう「サブタスクをもっと分解しよう」のサインではありません。あなたのメンタルが限界を迎えているサインです。

私の経験では、**「面倒くさい」から「やるのが辛い」「やっても時間が異常にかかる」を経て、あるとき張りつめていた糸がプツンと切れたように「できない」になり、何もする元気も意欲もなくなってそのまま休職しました。**

そうならないよう、みなさんには「自分が今、頑張りすぎていないか」にも必ず目を向けてほしいのです。そして、たとえば「面倒くさい」を自分にとって有益なサインと考えたのと同じように、**「面倒くさい」のみならず「だるい」「休みたい」といった気持ちを「何らかのサイン」として大事に受け止めてみてください。**

「面倒くさい」などの気持ちは社会的にあまり褒められるものではないと書きましたが、あまりネガティブに捉えすぎると、かえってそういった気持ちを「悪いもの」として蓋をしてしまい、自分自身をすり減らしてまで頑張ってしまいます。「紙1枚」で常に自分の抱えるタスクを見て、どのくらい自分に負担がかかっているのかを冷静に考えることも大事なことです。

何度も言いますが、「紙1枚」は、あなたの仕事を助けるためのツールです。決して辛くなるまで頑張らせたり、無理をさせたりするツールではありません。「面倒くさい」「だるい」「やってらんない」「しんどい」「辛い」、そういうネガティブな気持ちも、大事にしていきましょう。

私が職場に求めたたった1つの「合理的配慮」

そもそも「合理的配慮」とは?

みなさんは、**「合理的配慮」**という言葉をご存じですか?

合理的配慮とは、教育や就業、そのほかの社会生活において、**障害のある人たちが直面する困りごとや障壁を取り除くための調整や変更や配慮**のことです。2016年4月に施行された「障害者差別解消法（正式名称：障害を理由とする差別の解消の推進に関する法律）」によって「合理的配慮」を可能な限り提供することが、行政、学校、企業などの事業者に求められるようになり、2024年4月に施行された「改正障害者差別解消法」で、民間事業者においても合理的配慮が法的義務化されました。

つまり、**障害のある人たちが働きやすい環境づくりを事業者（企業）が行うことが義務化されたわけです。**

たとえば、発達障害の人であれば「音や光に敏感な社員は、イヤーマフやノイズキャンセリングホンやパーテーションの使用を要望できる」「予定変更を苦手とする社員は、急な予定変更を避けてもらうよう要望できる」などが挙げられ、企業側はこれらの要望に配慮し、対応する必要があります。**発達障害の人たちにとって、より働きやすい時代となってきている**のです。

しっかりと要望を伝えることが大切

私も障害者雇用の枠で入社した某ＩＴ企業の人事担当から、「小鳥遊さんが働きやすくなるために、私たちはどのような配慮をすればよいですか？」と最終面接で質問されました。ただ、そのときは（ほぼ）採用されたことが嬉しくて、**「大丈夫です、大丈夫です。配慮していただくなんて申し訳ないです」**といった感じで答えてしまいました。

今振り返ると、**「もったいなかったなあ。もっといろいろリクエストしておけばよかった」**という気持ちもありますし、**「あのとき私がいろいろ要望しておけば、企業もより良い配慮ができたんだろうな」**という気持ちもあります。

就労時に「合理的配慮」についてしっかり話し合うのは、自分自身にとっても企業にとっても良いことだと思います。

こうした失敗をもとに、3社目の某メーカー企業では、自分の納得がいく合理的配慮を伝えることができました。それは、**「怒らないでください。改善すべき点があれば、冷静な指摘・提案というかたちでお願いします」**というものです。「その代わり、仕事を遂行すること自体は、タスク管理でしっかりやりますので」と伝えることができ、お互いにとって建設的な話し合いをすることができました。

ちなみに、「紙1枚」で実践できるタスク管理とかなり近い内容が、厚生労働省から発表された発達障害者のための合理的配慮の事例として次のように記述されています。

業務指示やスケジュールを明確にし、指示を一つずつ出す、作業手順について図等を活用したマニュアルを作成する等の対応を行うこと

これを踏まえ、「タスク管理という合理的配慮は自分が引き受けるので、『その代わりに』この配慮をお願いします」などと、自分が「これだけはしてほしい」という合理的配慮を引き出すための交渉をすることもできます。

何より、私の5大特性のような仕事がうまくいかないことにつながる特性を持っていたとしても、**「紙1枚」仕事術をスキルとして持っていれば、配慮された状態を常に自分で作り出すことができ、働き方の選択肢をグッと広げることができます。**

過去の「紙1枚」がメンタルを救う

目に見える、自分の仕事の足跡

「紙1枚」は、現在進行形の仕事をうまく回すことが目的ですので、タスクが完了したら捨ててしまっても別に問題はありません。

ただ、「紙1枚」を使ってタスク管理を行うと、自分自身の仕事の足跡を「見える化」することができます。「このタスクはこんなにたくさんのサブタスクがあったのか」とか、「このとき3回も上司に確認したなあ」とか、普通だったら忘れてしまうような過去の頑張りも、文字として残すことができるのです。

あるセミナーの受講者に言われて、「なるほどな」と思ったことがあります。

「小鳥遊さん、私ね、**これまでに書き込んできた『紙1枚』をすべてファイリングして、自分のデスクの引き出しに保管しているんです。**それで、ときどきその終わったタスクの『紙1枚』を眺めるんです」と言われたので、私が「なぜですか？」と聞くと、「安心するんです。**『自分は今までこんなにたくさんのタスクを完了させてきたんだな』**って。それに過去のタスクを見ながら、**『このときはこういう流れでやったんだな』**って思い出すこともできるので、新しいタスクを手がけるときにもすごく参考になります」と教えてくれました。「紙1枚」にそういう使い方もあるとは、私にとって新しい発見でした。この人はこの人なりの、「安心」の作り方を見つけたのです。

「安心感」は、自分の手で作るものだと私は思っています。

なぜなら、**自分が安心する方法は、究極的には自分にしかわからない**からです。相手がいくらこちらを思いやっていたとしても、見当違いだったり、結局何もしてくれなかったりすることの方が多いです。だから、「こうすれば安心できるぞ」と仕組み化することで、安心感を自分で作り出すことが大切です。

さらに、もし仮にタスク実行中にトラブルが起こった場合、「紙1枚」にそれまでのサブタスクを書いておけば、「いついつに、このようなやりとりの中で、こういうミスが発生したんです」ということを示す〝証拠〟が存在していることになります。こういった〝証拠〟の存在は、大きな安心や自信の源となります。これもまた、自分でできる「安心感」の作り方と言えるのではないでしょうか。

Column 3

内見でお客さまと一緒に迷子になった話

司法書士事務所をクビになった後、私は小さな不動産仲介会社でアルバイトを始めました。そこでは、お客さまを物件の内見に連れていく仕事がありました。

あるとき、私は物件の場所をよく確認せず、お客さまと一緒にお店を飛び出てしまいました。「あれ、おかしいな……こっちですかね」「いや、すみません、こっちかもしれません」といった感じで、お客さまをさんざん歩き回らせてしまいました。その結果、到着する頃には日が落ちて辺りは真っ暗になっていました。これでは、日当たりがわかりませんし、電気が通っていないので部屋の内装もわかりません。幸いお客さまは優しい人で、怒られるようなことはなかったのですが、お客さまと別れ、夜遅く会社に戻ってからこっぴどく叱られてしまいました。

このレベルのミスを重ね続けた私は、職場での立場を完全に失い、社員は私に対してまるで腫れ物にでも触るような扱いをするようになりました。取引先からもらったジュースを副社長が社員みんなに配っていたとき、私だけには配らないなんてこともありました。

もともとは仕事ができないことが原因でも、それにより人間関係がこじれ、居場所がなくなってしまうというのは精神的に一番耐え難い状況です。「これはダメだ……」と思い、結局このアルバイトも2、3ヶ月と持たずに辞めることになりました。

Chapter 3

発達障害があったって「できる人」になれる

―仕事の成果―

「仕事が速い」とは、頭の中の探し物をしないこと

リアルな探し物と頭の中の探し物

みなさんは「仕事が速い人」という言葉を聞いて、どのような人を思い浮かべますか？　私にとって「仕事が速い人」というのは、「仕事を早く終わらせる人」のことで、その人たちには**「ムダなことをしていない」**という共通点があります。ゴールに向かって寄り道をせず、一直線に走っていく、というイメージです。中でも重要なのは、**「頭の中の探し物をしない」**ということです。

探し物には、リアルな探し物と頭の中の探し物の2種類があります。

リアルな探し物は、「あの資料、デスクのどこにしまったかな？」とか「あのデータ、パソコンのどのフォルダに入れたかな？」といった状態のことです。

一方、頭の中の探し物は「あれ、上司からさっき頼まれた仕事って何だったたっけな？」とか「この仕事、いつまでに終わらせなきゃいけないんだったかな？」とか「これを終わったら、次に何をやればよかったかな？」とか、頭の中の情報を取り出そうとしている状態のことです。

「紙1枚」仕事術に行き着くまでの私は、常に頭の中の探し物をしていました。当時の私の頭の中は、まったく整理されておらず、情報はぐちゃぐちゃのまま置かれていました。そこから探そうとするのですから、簡単に見つかるはずもなく、探すのに膨大な時間がかかってしまったり、結局見つからなかったりしました。

たとえば、「田中商事の見積書を作って送っといて」と言われた場合、「紙1枚」で整理していなかったときの私の頭の中は132頁の上の図のような状態でした。決して大げさな表現ではなく、本当にこういった感覚の中で仕事をしていたと記憶しています。

いろいろなタスクが無秩序に置かれている中に、さらに「田中商事の見積書作成」という新しいタスクを投げ込むのですから、「何を」「いつまでに」進めていけばよいかパッとわかるはずがありません。「どれからやろう」と考えるのにも時間がかかりますし、そうしている間にもやらなきゃいけないことがドンドン頭に浮かんできます。結果、思い浮かんだタスクに手当たり次第に手をつけていき、どのタスクも締切内に終わらないなんてことがよく起こりました。

人よりも仕事が遅かった要因の1つは、この探し物の多さにあったのでしょう。

でもそのときは、自分は仕事が遅い「タイプ」なんだ、処理能力は低い「タイプ」なんだ、と悲しい気持ちになるだけで、何をどうすれば仕事が速くなるのか、皆目見当がつきませんでした。

「頭の中に情報を置いておく」→「頭の外で情報を整理する」

今ならわかります。**「そもそも頭の中に情報を置いておく必要はない」**のです。

よく、「いったん、頭の中を整理しよう」という言い方をしたりしますが、**頭の外で整理されていれば、頭の中を整理する必要はありません。**「紙1枚」上で整理されていれば問題ないのです。

仕事に関する記憶を「外部記録」として「紙1枚」に吐き出し、頭の中を空っぽにして、「紙1枚」をもとに目の前のサブタスクに取り組む、そのサブタスクが終わったらまた「紙1枚」を見て次のサブタスクをスムーズに取り出し、今度はそのサブタスクに集中する。あなたの周りの仕事が速い人は、無意識にこれができている可能性が高いのではないでしょうか。この考え方に気づいてからは、お世辞にも仕事が速いと言われる「タイプ」ではない私が、「小鳥遊さん、仕事速いね」と言われるようになりました。もし、「発達障害特性の影響もあって、仕事がスピーディーにできない」と思っているのだとしたら、ぜひ、**「頭の外での整理」**を試してみてください。

図 3-1　「頭の外」が整理されていればいい

頭の中に情報を置いておく場合

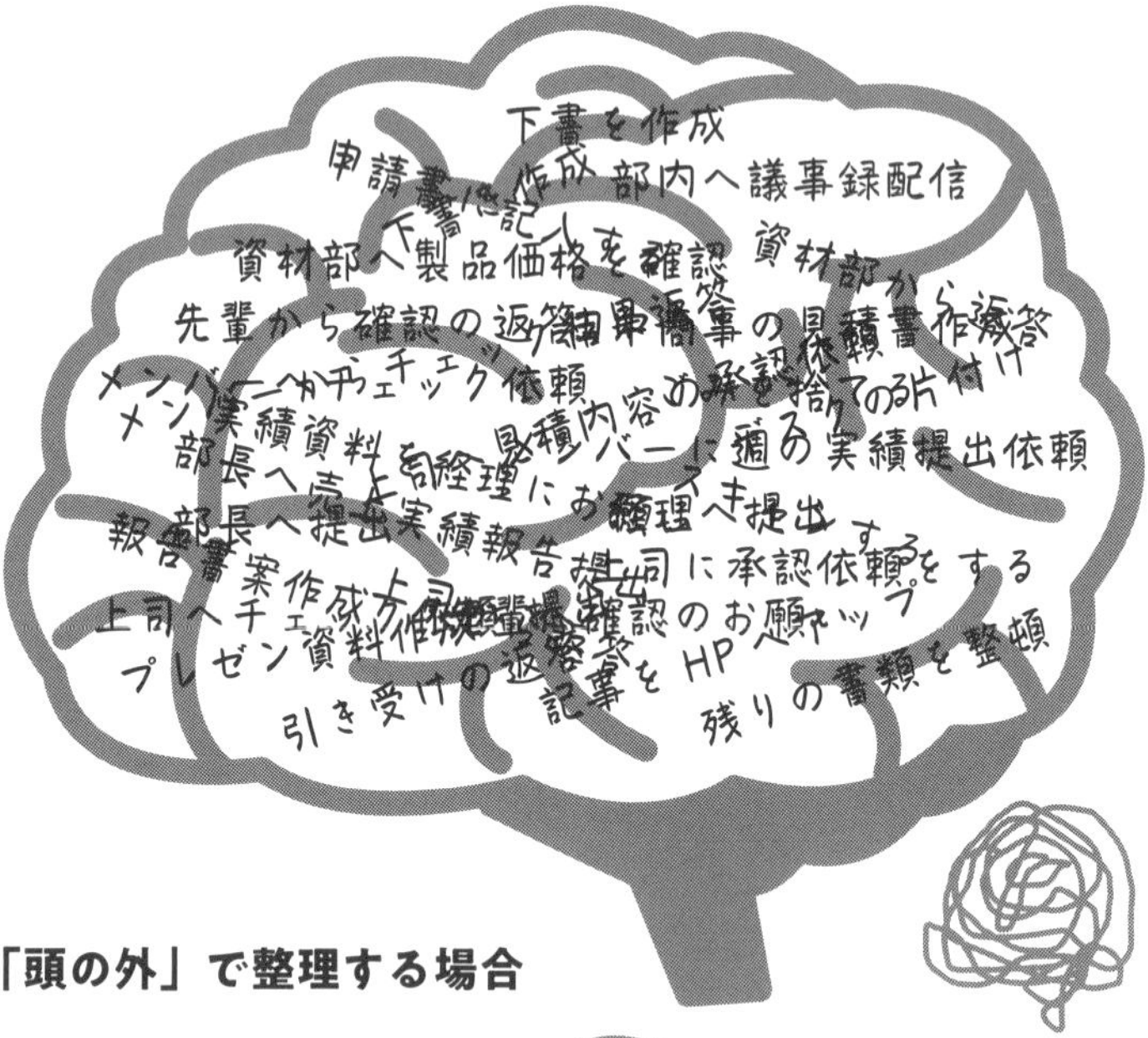

「頭の外」で整理する場合

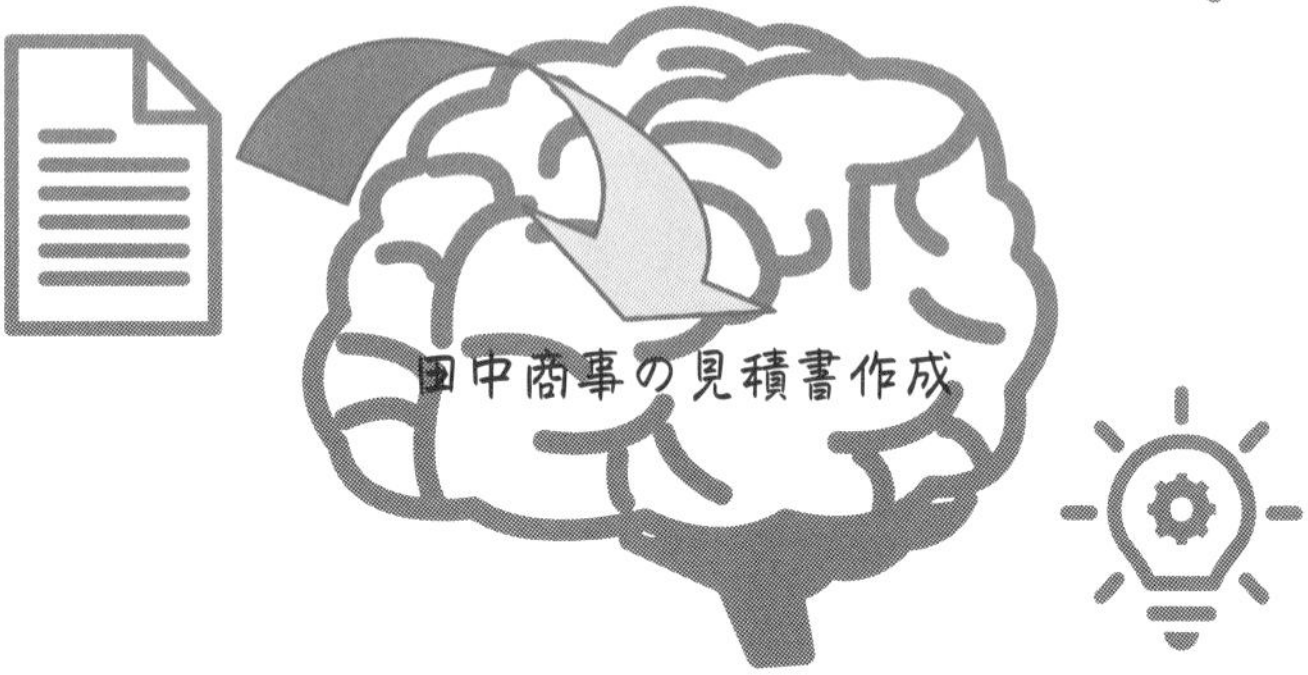

頭の中を空っぽにするとケアレスミスも防げる

　私たちはケアレスミスと常に隣り合わせです。ケアレスミスをしないようどんなに気をつけていても、起こるときは起こるものです。

　ただ、**頭の外で情報を整理し、頭の中を一杯にしなくなったことで、私はケアレスミスが以前ほど気にならなくなりました。**というのも、**脳が目の前の作業の処理だけに集中できるようになった**からです。「頭が空っぽ」になると言っても、脳内の記憶がなくなるわけではありません。「忘れても大丈夫」という安心感とともに作業をする方が、「忘れてしまったらどうしよう」という焦りや不安感に襲われながら作業をするよりもケアレスミスはしにくいですよね？　という話です。

「ケアレスミスをしてはいけない」という緊張感を持っても、ケアレスミスが減らせるとは私は思いません。むしろ、その緊張感はケアレスミスを増やす方向に働きがちだと考えます。そうではなく、「紙1枚」に書き出すことで安心して作業に集中できる状況を作ることで、自然とケアレスミスを減らすことができるというものではないでしょうか。

「紙1枚」でメモ上級者に

「ゼロ秒後に忘れる」とどう向き合うか

序章では、抜け漏れへの解決策はとにかく言われたらすぐ書き出すこと、とお伝えしました。ただ、このようにお伝えすると**「『紙1枚』をどうしても手元に置けないときはどうするんですか?」**という質問を受けることがあります。たしかに、お客さまの前だったり、外出先で電話がかかってきたりするときは、「紙1枚」をその場で出すことが難しい場合もありますよね。私を含め、気を抜くとゼロ秒後には忘れてしまう人にとっては、そんなときとても不安な気持ちになります。

そういう場合、私は**「パーキングロット」**という手法を使っています。英語のもともとの意味は「駐車場」なのですが、タスク管理の世界では**「保留して覚えておきたいことを書き留めるためのメモ」**という意味で使われています。すぐそこにある駐車場（＝メモ用紙）に、覚えておきたい情報をとりあえず駐車しておく（＝メモする）……そんなイメージです。

私は、「ゼロ秒後に忘れてしまう自分」の記憶力を何重にも疑っていますので、日頃から「紙1枚」だけでなく、メモ用紙（ノートや付箋でもよいでしょう）を手元に置いています。「紙1枚」を Excel で管理していることもあり、**パソコンやスマホを持ち込めない状況では、基本的にメモ帳を使用します。**パソコンやスマホを出せる状況になったら、「紙1枚」に転記し、必要に応じてサブタスクに分解します。「紙1枚」にこだわりすぎて、「紙1枚」が使いにくくならないよう気をつけたいところです。

メモが上手な人、メモが下手な人

「紙1枚」に転記することを前提にメモを取るようになったことで、1つ思いがけずいいことがありました。メモを取ることが得意になったのです。以前は、「とにかくメモを取らなければ」と頑張って取ってみるものの、後で見返すと解読できなかったり、そもそも見返す気にすらならない乱雑なメモになってしまったりすることが多かったのです。

「紙1枚」は、メモが上手になるためのものではないにもかかわらず、不思議ですよね。なぜ、「紙1枚」を使うようになって結果的にメモが上手になったのでしょうか？ それは、**「紙1枚」に後で転記するため、というメモの目的が明確になったか**らだと思います。

私が思う**メモが上手になるコツは、メモの目的を持つこと**です。

後でどういうふうに使うのか、何を記録しておきたいのか、つまりは何のためにメモを取るかを決めないまま書き始めると、不備不足が多く使えないメモになってしまいます。一方、「紙1枚」に後で転記するため、という目的が明確になると、「紙1枚」に必要な情報を話の中で拾い上げながらメモを取れるようになります。そうすることで、後で見返したときに、機能するメモを取れるようになるのです。

このように「紙1枚」によって得られるメリットは、発達障害特性をカバーする以上のものになる場合が多々あります。

「ミスしない」ためには環境も重要

「紙1枚」がなくても、のびのびと働いていた時期

私には、「紙1枚」仕事術を始める前にも、そこまで苦手を気にせずのびのびと働けていた時期があります。障害者雇用で入社した某IT企業の最初の3年間のことです。

それまで私は、アルバイトしかしたことがなかったため、初めて同期という存在を持ちました。同時期に中途採用された人が私のほかに5人いたのです。ほぼ同世代だったこともあり、よく「お昼食べに行く?」などと誘い合って一緒にランチに行く

仲でした。当時の職場の雰囲気をひと言で表すならば、極めて「牧歌的」。人に恵まれて過ごした約3年間は、ミスはしていたものの、周りに助けられながら楽しくやれていました。自責傾向の強い私ですが、このときはそこまで、「自分はなんてダメな人間なんだ」と考えるようなこともありませんでした。

「安心できない環境」だと、発達特性が出やすかった

ところが、この会社が親会社と合併することになり、親会社に在籍していた人たちと一緒に仕事をするようになったことで、牧歌的だった雰囲気は一変しました。

それまでは、多少のミスも何となく許される感じだったのですが、合併後は、優秀な人が失敗した人を大声で叱責したり、ののしったりするような場面が徐々に増えるようになっていきました。

たとえば、飲み会の最中に、まだ会社に残って仕事をしている別のチームのリーダーに対してわざわざ電話をかけ、「なんでそんな仕事できないの～！」などと馬鹿にして飲みの席のネタにするような、気分の悪いことが起こり始めたのです。

　このような叱責、ダメ出しは、当然ながら私のところにも来ます。もちろん、私が完璧に仕事をできていればそういったことはないのでしょうが、どうしてもミスは出てしまいます。1つ1つのミスを執拗に問い詰められたり、大声で馬鹿にされたりするたびに、**不安が募り、焦りが増し、発達特性が出やすくなって、さらにミスを頻発するようになっていきました。**ミスする⬇怒られる⬇さらにミスする、という完全なる悪循環に陥ってしまいました。

　結局この会社は、休職して退職することになりましたが、あの「牧歌的」な職場のままだったら、どうだっただろう……と思うこともあります。あそこまで不安な気持ちになっていなかったら、意外と順調に働けていたのかな、なんて思います。

　みなさんにとっても、仕事の環境選びは非常に重要です。**職場の雰囲気が悪いと発達特性が出やすい人も少なくない**でしょう。もしも職場の雰囲気のせいで、怯えたり不安な気持ちで働いていたりするのであれば、職場を変えるのも1つの方法です。

「職場を変える」と簡単に書いてしまいましたが、そもそも精神的に限界がきてしまうと、転職活動をする気力、もっと言うと今の職場に行く気力すら失われてしまうというのが私の実感です。そうなってしまったら、しっかり休養を取ることが必要になります。

もし、気力に余裕があるのであれば、「最低限やるべきことはやっている」と自信を持つことで、周囲からのプレッシャーによる精神的なダメージを食い止められるかもしれません。「紙1枚」に沿って記入し実行していければ、「やるべきことはやっている」という自信はついてきます。そうすることで、不安な気持ちを抑えつつ、粛々と転職のてはずを整えやすくなります。

「マルチタスク」という幻想を捨てよう

複数のタスクを同時にこなしている人はどこにもいない

発達障害の人は、マルチタスクが苦手と言われることがあります。「マルチ」とは、「複数の」という意味ですから、発達障害の人は2つ以上のタスクをこなすのが苦手、というニュアンスで言っているのでしょう。

でも、よくよく考えると、この「マルチタスク」という言葉自体が、いまひとつ練られていないように思うのです。というのも、「同時に複数のタスクをこなす」という必要以上にすごいことをイメージさせてしまうからです。

思い浮かべるのは、パソコンのアプリケーションがいくつも立ち上がって同時に稼

図 3-2　「マルチタスク」ってシングルタスク

働しているような光景です。マルチタスクができる人は、同時にいろいろなことを考えることができて、かつパニックを起こさない、さぞ性能の良い頭脳を持っている人なんだろうな、と思ってしまいます。

でも実際は、人間が「マルチタスク」をこなす場合、パソコンのように「同時にこなす」ことは不可能で、**必ず「シングルタスク」をしているのです。**

A、B、Cの3つのタスクがあったとして、パソコンならば、A、B、Cを同時に処理することができますが、人間の場合、Aをやっているときには A のみしかできず、B、Cは手をつけられません。Bのタスクに取りかかれば、AとCには手をつけられないのです。

つまり、「田中商事に送るサービスの見積書を作成する」というタスクと、「Cさんからのお礼メールに返信する」というタスクが2つ同時に存在していて、今は前者のサブタスクの2つ目に着手していますよ、という「紙1枚」では至って普通な仕事のこなし方が、世に言う「マルチタスク」なのです。難しく考えるほどのことではない気がしてきませんか？

「できる人」は、この「シングルタスク」を非常に効率よく無駄なく高速で処理していると言えます。

たとえば、サラダ、ハンバーグ、スープの3品の料理を、あっという間に作るスーパー家政婦の例で考えるとわかりやすいかもしれません。

手元を見てみると、ハンバーグを焼いている（自分にボールがない）間に野菜をカットし、スープを温めている（自分にボールがない）間に野菜を盛りつけて……というように、それぞれの調理のタスクを細かく分解して、ボールを投げたらタスク移行、

ボールを投げたらタスク移行、ということを繰り返しています。無駄な時間が発生しないようサブタスクを行う順番を綿密に組み立てているのです。

私は「紙1枚」でタスク管理をするようになったことで、この意味での**「マルチタスク」が自然とできるようになりました。**ボールを投げたら必然的に手持ち無沙汰になりますので、違うタスクの「紙1枚」を眺めることになりますし、そうしたら、「じゃあ次はこのサブタスクでもやろう」という気持ちになるからです。

改めて言いますが、「マルチタスク」を同時にこなしている人など、誰もいません。大きなタスクをサブタスクに分解して、1つ1つのサブタスクを着実に終わらせていくその姿が「まるで同時にこなしているみたいにスピーディーだ」とほかの人の目に映れば、結果としてあなたは「マルチタスクの達人」と呼ばれることになるでしょう。

「紙1枚」でマルチタスク対策

マルチタスクは、実はシングルタスクを速いペースで切り替えているだけ、ということをご理解いただいたうえで、「では、『紙1枚』でどのように対策をするのか」をお伝えしたいと思います。

結論から言うと、「相手ステータスのサブタスクをできるだけ増やそう！」です。自分が「待ち」の状態、つまり「相手」ステータスにあって手離れしている状態のタスクを無視できることは109頁でご説明しました。今回はその応用です。

仮に、タスクAを誰かほかの人に渡すことができたら、タスクBに取り組めます。そしてタスクBをまた誰かにパスしたら、タスクCに取り組み、また誰かに渡し、そうしているうちにタスクAが戻ってきて、という具合に進めていけば、（周囲から見れば）マルチタスクをこなしているように見えます。

逆に、タスクＡＢＣすべてのサブタスクが「自分」だったら、まず自分自身が忙しくなり、「あれもやらなきゃ」「これもやらなきゃ」「いや、こっちの方が優先かも」「いやいや違う、あっちだ」と、あたふたしがちです。周囲からは、「多くの仕事を自分のところで温めてしまっている人」と見えてしまうことでしょう。

そうならないよう、常日頃からできるだけ**「自分」のサブタスクは最小限にとどめられるようなサブタスクへの分解を心がける**ようにしておくとよいです。

マルチタスクに苦手意識を持っている人は、特に1つの作業に集中しすぎて全体が見えなくなったり、そうかと思えばほかのことが気になって集中しづらかったりという傾向があり、マルチタスクを首尾よくこなすなんて到底無理……と思っていることが多いようです。しかし、マルチタスクと言っても、実態はシングルタスク。「紙1枚」で全体を俯瞰しつつサブタスクを1つ1つ確実に終わらせていけば、特性がありつつもマルチタスクに立ち向かうことができるようになります。

「質問力」と「巻き込み力」で仕事の質は高くなる

「紙1枚」で質問力は上がる

「紙1枚」を使って仕事を進めていると、自然と周りの人に質問する機会が増えていきます。「紙1枚」を作ろうとしていると、「この工程は、大体どれくらいかかりますか?」「これは何日までに完成してればいいですか?」など、具体的かつ建設的な質問や相談を周りに投げかけやすくなります。

たとえば、「○○さんに、名刺の英語表記を教えてもらう」という目的のサブタスクを想定していたとしたら、「○○さんが出張のため△日までは対応できないようです。そうすると締切がギリギリになってしまうので、○○さんに聞くほかに良い方法はありますか?」などという具体的な質問が自然と出てくるわけです。

私の経験上、こちらが明確な目的を持って具体的な質問をしているのに、「今忙しいんだよ」といった態度を取られることはほとんどありません。むしろ、「これについてのマニュアルあるから送るよ」とか「あ、僕わからないけど、○さんならわかるかも」と知識や人の輪が広がっていき、今までできなかったことや難しかったことも、少しずつできるようになっていきました。

「紙1枚」を使っていなかったときの私は、困りごとがあっても何をどんなふうに質問すればそれが解決できるのかわかりませんでした。「あの、名刺の件、なんだか間に合わなさそうなんですが、どうすればいいですか?」とか「ちょっと全体的にやり方がわからないです」のような抽象的な質問になってしまい、相手に面倒くさがられることも多かったです。

ここで思い出してみましょう。**「面倒くさい」**は、**「何をすればいいかわからない」**です。抽象的な質問を受けた相手は、まさにこの状態になっているわけです。そうすると、「ごめん。今忙しいからほかの人に聞いて」や「締切に間に合わないなら、謝ってこい」などと、けんもほろろな対応をされてしまいがちです。**でも、「紙1枚」で具体的にイメージできるようにしておけば、自ずと建設的な答えを引き出せる良い質問ができるようになります。**

急ぎの場合は「クローズド・クエスチョン」

質問はどんどんしていくべきですが、お互いにあまり時間がない場合、やり取りをスパッと早めに切り上げたいですよね。

そういう急ぎのときは、**クローズド・クエスチョン**がおすすめです。

質問には、オープン・クエスチョンとクローズド・クエスチョンがあり、前者は相手が自由に答えられる質問のこと。「どう思いますか?」「どうすればいいですか?」など、**回答が無限にある**のがオープン・クエスチョンです。

一方、クローズド・クエスチョンは、「これでいいですか?」「A、B、Cのどれがいいですか？」など、相手が「はい、いいえ」の二者択一、あるいは「AかBかCか」の三者択一などで答えられるような、**回答が限定された質問**のことです。

急ぎのタスクの場合、あるいは忙しく仕事をしている人に質問をする場合は、クローズド・クエスチョンを使って質問をするのが良いと思います。

たとえば、「この資料ですが、どんな方向性で作ればいいですかね？」とオープン・クエスチョンで質問すると、相手は「うーん、方向性ね……ちょっと考えないとわからないな……」などと答えに窮する可能性があります。

ところが、あなたがあらかじめ方向性を3つに絞り、「この資料ですが、A案、B案、C案の3案の方向性を考えてみました。どの方向性で作ればいいですか？」とクローズド・クエスチョンで質問すれば、相手は「B案がいいんじゃないかな」と答えやすく、スムーズに、効率的に進めることができます。

このようにして質問力が上がれば、仕事の質も自ずと上がっていきます。

意図的に「相手」のサブタスクを増やし、周りを巻き込む

仕事の質を高めるためには、できるだけ多くの人を巻き込むことも大切です。どうやって巻き込むかというと、意識的に「相手」のサブタスクを増やすのです。たとえば、「田中商事に見積書を送付する」というタスクがあるとします。これを特に何も意識せずにサブタスクへ分解すると次のようになります。

資材部に製品価格を質問する（自分）
⬅
資材部から返答がある（相手）
⬅
資材部の返答をもとに見積書を作成する（自分）
⬅
田中商事に見積書を送付する（自分）

図 3-3　相手のボールを増やすと仕事の質が上がる

相手のボールを増やさない場合

タスク	着手日	締切日
田中商事に見積書を送付する	4/11	4/16

No.	サブタスク	ステータス				着手日	締切日
1	資材部に製品価格を質問	**自分**	相手	予定	いつか	4/11	4/11
2	資材部から返答	自分	**相手**	予定	いつか	4/11	4/14
3	見積書作成	**自分**	相手	予定	いつか	4/15	4/16
4	見積書送付	**自分**	相手	予定	いつか	4/16	4/16

相手のボールを増やす場合

LEVEL UP!!

No.	サブタスク	ステータス				着手日	締切日
1	資材部に製品価格を質問	**自分**	相手	予定	いつか	4/11	4/11
2	資材部から返答	自分	**相手**	予定	いつか	4/11	4/14
3	同僚 A さんに製品価格の再確認	**自分**	相手	予定	いつか	4/14	4/14
4	同僚 A さんから返答	自分	**相手**	予定	いつか	4/14	4/14
5	見積書作成	自分	相手	予定	いつか	4/15	4/16
6	上司 B さんに見積書内容の確認依頼	**自分**	相手	予定	いつか	4/16	4/16
7	上司 B さんから返答	自分	**相手**	予定	いつか	4/16	4/16
8	見積書送付	**自分**	相手	予定	いつか	4/16	4/16

たとえば、製品価格を資材部が「1万円」と言ってきたとして、「あれ、こんな安かったっけ?」と迷ったとします。そんなときは見積書を作る前に、同僚のAさんに「資材部は製品価格が1万円と言っていますが、1万円で記入しておいていいですか?」と聞くサブタスクを追加してしまうわけです。そこで同僚のAさんが間違いに気づくかもしれませんし、「OK」と答えたら、自信を持って見積書を作成できます。

このように「相手」のサブタスクを増やしていくと、同じ「田中商事に見積書を送付する」というタスクを次のように分解できます。

資材部に製品価格を質問（自分）
⬇
資材部から返答（相手）
⬇
同僚のAさんに製品価格の再確認（自分）
⬇
同僚のAさんから返答（相手）

⬅
見積書作成（自分）
⬅
上司Bさんに見積書内容の確認依頼（自分）
⬅
上司Bさんから返答（相手）
⬅
見積書送付（自分）

何も意識せずに分解したときよりも、「相手」のボールを2つ増やすことができました。「相手」に責任を押しつけるためではありません。多くの人を巻き込むことで、間違いや勘違いをできるだけ未然に発見し、仕事の質を上げるためです。

「頼まれた仕事は自分でやらなければならない」と考えてしまう気持ちもわかります。でも、**仕事の目的は「1人でやること」ではなく「良い結果を残すこと」**です。

自分より詳しい人、自分より得意な人がいるなら、積極的にサブタスクを渡してその人にタスクを磨いてもらった方が、当然のように良い結果が出せます。

そして、もし、あなたの気持ちやスケジュールに余裕ができてくれれば、周囲から相談やお願いをされたときに、相手のリクエストに応えることができます。

助けてもらう側でもあり、助ける側でもある――。そんなふうにお互いを支え合う関係をいろいろな人と築くことができたら、より気持ちよく、より多くの成果を出すことができるのではないでしょうか。

完璧を目指さず、6割で提出しよう

相手のボールを増やすことは、不完全なものを渡すこと

前節で、「相手のボールを増やす」ことは仕事の質を上げるというお話をしました。ただ、相手のボールを増やすためには、大前提として「不完全なものを渡す」という覚悟が必要です。「こんな状態で見せたら、こんなことを聞いたら、相手ががっかりするんじゃ」などと考えるのはやめて、良い仕事をするためと割り切ることが大切です。

私がセミナーなどで参加者のみなさんによくお伝えしているのは**「6割程度の完成度でいったん相手に投げてみましょう」**ということです。自分のところでタスクを抱

え温め続けていても、6割を10割にすることはなかなか難しいからです。できたとしても、必要以上に時間がかかってしまいます。相手から自分、自分から相手とどんどんパスを回していった方が、より早くタスクは磨かれていくのです。

完璧主義の人におすすめ

たとえば、資料の作成だったら、必要最低限の項目を書いてみた時点で「ここまでやってみたんですが、ご意見やアドバイスをいただけますか?」と上司にボールを投げてみるわけです。その出来映えは、あなたのイメージする完成度のおよそ6割程度でOKです。上司からの意見やアドバイスを**早めにもらいに行くことで、最終的には質の高い資料が完成する**はずです。

もし、最後の最後に「これでいいですか?」と上司に確認するだけにしてしまったら、

「いやもっとこうしたほうがいいよ」

⬅
「わかりました。全部直す時間がないのでここだけ直します」
⬅
「うーん、困ったなぁ……、しょうがないからそれでいいよ」

というふうに、最終的に「完璧」なものにはならないかもしれません。**完璧主義の人こそ、「6割で提出」を心がけてみてください。**「それが難しいんだよ！」と思うかもしれませんが、そんなときにはぜひ**「たたき台として作ってみたんですが……」**という言葉を添えてみてください。私はこれで「6割で提出」に対する心理的ハードルが下がりました。

〝今にも割れそうな風船〟をイメージする

さて、ここまで自分と相手とのタスクのやり取りについて、〝パス回し〟にたとえて解説することが多かったですが、1つもっと良いたとえがあります。

それは、**〝どんどん膨らんでいく風船の爆弾ゲーム〟**です。
バラエティ番組などで見たことはありませんか？　クイズに回答する人が風船を抱えていて、正解を答えると横の人に風船をパスできるゲームです。怖いのは、風船がどんどん膨らんでいくこと。早く答えて早く隣にパスしないと、その風船は自分の手元で破裂してしまうことです。

私にとって、自分と相手とのタスクのやり取りのイメージは、〝パス回し〟よりも〝どんどん膨らんでいく風船〟の受け渡しに近いです。**「自分で抱えていると、どんどん大きくなって、いつか破裂してしまう」ところが似ているからです。**先送りの特性がある私にとっては、このイメージの方が「まずい！　すぐにやってパスしなきゃ！」という切迫感を抱くことができて、仕事がはかどるのです。みなさんはいかがでしょうか？

〝パス回し〟をイメージするとしっくりくる人。〝どんどん膨らんでいく風船の爆弾ゲーム〟をイメージするとしっくりくる人。あるいは、別の何かをイメージするとしっくりくる人……さまざまだと思います。自分にとって、最も仕事が進むイメージを探してみてください。

長所を生かすために短所の手当をしよう

「短所をなくす」必要はないが「目を向けない」のは違う

最近、**「短所に目を向けるのではなく長所を伸ばそう」**という表現をよく耳にします。もちろん、長所を伸ばすのはとても大切な考え方だと思うのですが、「短所に目を向けない」までいってしまうと、発達障害の当事者としていかがなものかと思うのです。

たとえるなら、遊んでいて転んだときにケガをしてしまって、それを痛い痛いと言っているのに、「でも、君、足速いよね」と言われているような感じなのです。

私が鬼ごっこを楽しむためには、「手当」が必要です。大きな傷をつけたまま遊び続けるのではなく、薬や絆創膏で止血してから仲間の輪に戻った方が楽しく遊べます。

ですので、**私が「自分の長所を生かして仕事をする」ためには、「自分の短所に〝最低限の手当〟」をする必要があった**ように思うのです。

この手当にあたるものが、私にとっては「紙1枚」仕事術でした。抜け漏れ、先送り、過度な自責傾向、段取りが苦手、集中しづらさ、それらを「痛くない」程度にカバーできるようになってはじめて、会議でのプレゼンや役員会の議事録作成など会社での得意な仕事、それだけでなく副業のセミナーでの登壇や執筆などの自分が楽しいと思える仕事に目を向けられるようになりました。

「短所をなくそう」でも「見ないふりをしよう」でもなく、短所（苦手）を「紙1枚」でカバーしようと思えたことで、結果的に長所を生かしながら働けるようになったのです。

あたりまえのことをあたりまえにできるって、実はすごい

「小鳥遊くんならどこでもやっていける」

「紙1枚」仕事術を始めてからは、私を見る周囲の目が確実に変わっていきました。忘れられないのは、3社目の某メーカー企業でもらったある執行役員の言葉です。

「小鳥遊くんの事務処理能力は社内でもピカイチだね。先日、社長とランチをしていて『今、ほかの会社に移っても活躍できる社員は誰だろう?』っていう話題になったんだけど、社長が『小鳥遊くんじゃないか』と君の名前を挙げていたよ」

私は驚きました。と同時に涙が出そうなくらい嬉しかったです。これまでずっと、周りに迷惑をかけないように、苦手なところが出ないように、ひたすらマイナスからゼロを目指して頑張ってきた私が、「社内でピカイチ」「ほかのどの会社でも通用する」というプラスの評価をもらえるようになったのです。あきらめなくてよかったと思えた瞬間でした。

どの会社でも通用する最強スキル

このひと言で実感したのは、**「あたりまえのことをあたりまえにできるって、実はすごい」**ということです。

私にとって、「あたりまえ」ができないということは強烈な悩みでした。「ほかの人はミスをしないのに、なぜか自分だけミスをしてしまう」とか「ほかの人は締切を守れるのに、なぜか自分だけ守れない」とか、何でも「自分だけあたりまえができない」と落ち込んでいました。

しかし、その「あたりまえ」ができるようになった今ならわかります。

「あたりまえのことをあたりまえにできる人は、実はそうそういない」ということです。世でもてはやされる製品やサービスを生みだした優秀な経営者やビジネスマンが実は発達障害だったという話はよく聞きますが、別にそんな異次元の人を目指さなくてもいいのです。「あたりまえのことをあたりまえにできる」だけで、周囲に認められる人になることは可能です。

「紙1枚」によって身につく、あたりまえに締切を守れたり、あたりまえにミスをしなかったりするスキルは、**どの会社に行っても重宝される最強スキル**です。発達障害があったって、「できる人」になれるのです！

社長室を潰した話

私は社長室を潰したことがあります。1社目の某IT企業で、総務として社内のレイアウトや什器の配置を変える工事を担当していたときのことです。

新しく入る業務委託さんのためのスペースを確保する工事をしてほしいという仕事を引き受けました。限られたスペースの中に空きを見つけながら進める作業は、上司だけでなく社長にも相談をして行っていました。そこまではよかったのです。ただ、その相談の結果、今でも本当にどうしてそう理解したのか自分でもわからないのですが、なぜか「社長室を潰して業務委託さんの作業スペースにしてもいいと社長からお墨付きをもらった」と思い込み、豪華な机や頑丈な金庫、数年前にもらった大事な賞状などをすべて取っ払って社長室を作業部屋につくり変えたのです。

無事（私が想定したとおり）工事が終わり、あくる月曜日の朝、血相を変えた社長が総務部へやってきました。「なんで私の部屋がないの!?」と怒り心頭の様子。代わりに、一般社員の執務スペースに社長用のスペースを用意したのですが、「こんなところに座れと言うの!?」と、ますますボルテージが上がってしまいました。大慌てで上司とともに社長へ謝り、「今週末の土日で元に戻しますので、1週間だけ我慢してください」と伝え、週末返上で対応しました。

Chapter 4

目指すは「やることはやる腰が低い人」

―人間関係―

断わるときは「相談風」に

「自分に断る権利なんてない」と思ってた

会社勤めをしているとき、私は仕事を断るのが苦手でした。よくミスをするので何事にも自信がなく、「こんな私に仕事をお願いしてくれているのだからやらなきゃ」とか「こんな私に仕事を断る権利なんてない」と考えていました。

そのため、「ちょっとこれお願いしていい？」と言われたら、たとえどんなに忙しくても、受けても絶対に間に合わないとわかっていても、「はい……、わかりました」と受けざるをえなかったのです。そのせいで、もともとの仕事が締切に間に合わないことも多々ありました。

断れないという気持ちの根底には、「がっかりさせたくない」「嫌な気持ちにさせるんじゃないか」といった人間関係への不安があったのですが、今思えば、断れないことがむしろ人間関係をぎくしゃくさせていたように思います。

間に合わないとき、手一杯なときの断り方

さて、私のような断り下手が「紙1枚」でどう変わったでしょうか。

たとえば、上司から「この仕事、明日までにお願い」と言われたものの、今やっているタスクで手一杯だった場合。まずはサブタスクに分解してざっと締切をつけ、「紙1枚」に記入します。そして、「完了までの最短スケジュールを試算してみたんですけど、最初の作業が今日のお昼までに終わっていないと間に合わないくらいタイトなスケジュールになっています。どうすればいいでしょうか?」といった感じで相談っぽく伝える奥義を身につけました。

つまり、**あえて破綻したスケジュールを見せる**のです。そうすれば、「まあ、しか

たないか」と納期を延ばしてもらったり、ほかの誰かに手伝ってもらったりするなどの対策を打ってくれます。

あるいは、「すみません。実は今週中に終わらせなければならないものがこれだけあるんです」と言って、**「紙1枚」の束を上司に見てもらう**のも手です。そうすれば、上司は「なるほど、これだけの仕事を抱えているんだね。これでは追加でお願いするのは無理そうだね」と納得してくれるはずです。

見てもらうだけだと心配な場合は、「これくらいあるのですが、もし追加の仕事をするとしたら、このうちどれを来週に回せるでしょうか?」とつけ加えてもいいかもしれません。

いずれにしても、「紙1枚」を提示しながら「今こういう状況なんですけどどうしましょう」と相談っぽく話すと、相手を悪い気にさせることなくスムーズに断ることができます。

「間に合わないならやらなくていい」仕事は、この世に1つもない

私はこの断り方を身につけてから、**「あれ、会社の人たちはタスク管理をしていないのか？」**と疑問に思い始めました。「そのスケジュールじゃ、まったく間に合わない」という仕事を「なんとなく間に合うのでは？」と楽観的に構えて、「このスケジュールでお願い」と頼んでくる人が結構いたからです。

タスク管理ができている人は、発達障害がない人の中でも意外と少数派なのです。だからと言って「なんだ、みんなタスク管理できてないのか」と安心している場合ではありません。「間に合わないならやらなくていい」という仕事は、この世に1つもないのです。

「間に合わない！」となった場合は、次の2つの選択肢しかありません。

- **協力者を増やしたり、工程を省いたりして、なんとか期限内に終わらせる**

・締切を延ばして時間に猶予を持たせて、なんとか終わらせる

このどちらかでいくかを決めるにあたっては、「このタスクを『紙1枚』に落とし込んでみたらどうなるか？」を試してみて、**「何も工夫せずにスタートしてしまうと、どれくらい間に合わないか？」を具体的に把握する必要があります。**

たとえば、あるタスクをサブタスクに分解し、必要な日数をイメージして記入していったところ、完了予定日が希望日の3日後になってしまいそうだとします。それならば、「完了までには、このようなことをやらなければいけません。このまま着手すると、ご希望の3日後になってしまいそうです。どうしましょうか？」と、（仕事を頼んできた）相手と話し合うことで、**断りつつも、一緒に解決する方法を考えることができます。**

「私ではなく、この紙が『間に合いません』と言っていますけど……」と示しながら話してみましょう。

主語が「私」だと、「それ、間に合わないですよ！」とは言いにくいですが、主語を「紙」にして「見える化」すれば、お互いが状況を客観的に考えられるようになり、感情的にならず、解決のための良いアイデアを出せるようになります。断り方をマスターして余裕があったら、相手と一緒に解決策を考える、というのをやってみてください。今まで以上に相手と良い関係が築けるはずです。

ヒヤッとする会話から、「紙1枚」が守ってくれる

「あの件どうなってる?」

3社目の某メーカー企業で、私は法務関係の仕事をしていました。あるとき営業部門の人から「あの契約書ってどうなっているの?」と聞かれました。

営業部門の人はいじわるで聞いたわけではありません。けれども、その言い方から（小鳥遊さん、あなたのところで抱えたままになっているのでは？　だからなかなか契約書が完成しないのでは?）と思っていることは明らかでした。

そこで私は「紙1枚」を見ながら、「その件ですが、○月○日に営業部門の△△さ

んに『修正案を添付しました。この内容で大丈夫かご確認ください』とメールで依頼して返答待ちですね」と即答することができました。**「私ではなく、あなたの部署の部下がボールを持っている状態ですよ」と示した**わけです。

ただ、このとき、相手を責めるような言い方をせず、あくまでも、淡々と客観的事実を伝えるだけという姿勢を持つことが大切です。結局その人は、「なるほど、今すぐ確認してみるね」と答えてくれました。この「客観的な事実を伝えるだけ」という姿勢を下支えしてくれ、ヒヤッとする会話から私たちを守ってくれるのも「紙1枚」です。

「記憶があればでいいんだけど……」

人間関係では、助けられたり、手伝われたりすることが多かった私ですが、**「紙1枚」仕事術を通して、人助けをできる機会も増えていきました。**

たとえば、3社目のメーカー企業では、先輩から「記憶があればでいいんだけど、去年の年末の契約内容の交渉で、最後はこっちが先方に修正案を送って終わったんだっけ？　それとも先方の返信にこっちがまだ答えていないんだっけ？　それと、こっちは契約の何を修正したんだっけ？」と聞かれたことがありました。

私は、**「記憶はありませんが、記録には残っているので少々お待ちください」**と答えて、「大丈夫です。こちらからメールを送って返答待ちの状態です。修正内容はこれとこれです」とすぐに答えることができました。「記憶があれば……」と声をかけられたら、以前であれば「うわっ、覚えていないかも」とヒヤッとしたと思います。しかし、「紙1枚」に記録があることで、ヒヤッとするどころか「よしきた！」と相手の役に立つことができて嬉しかったのです。

「あの件、進捗どう？」

「紙1枚」仕事術を始めるまでの私は、上司からの「進捗どう？」という言葉がとにかく苦手でした。

上司が期待している答えは「わかりません」でないことだけはわかります。また、

「進捗率」という言葉があるくらいですから、何かしらの割合を示したほうがいいということもわかります。そこで、割合を示すために、そのタスクに関するメールやファイルをあさってみるものの、回答するまでに時間がかかります。そして、根拠もなく「えっと……、60％くらいかと思います」といった曖昧な答えしか出てこないのです。「進捗どう？」「今どれくらいまで進んでる？」……表現はさまざまでしたが、この種の質問をされるたびにヒヤッとしていました。

ところが、「紙1枚」仕事術でタスク管理をするようになってからは、「進捗どう？」の質問に対する苦手意識がまったくなくなりました。いや、むしろ、「『進捗どう？』と聞いてくれないかな」とひそかに心待ちにしているくらいでした。

理由は明白です。「紙1枚」を見せるだけで済むからです。

「紙1枚」では、タスクがサブタスクに細かく分解されています。そして、「全体の工程のうちどこまで終わっているか？」が見える化されています。そのため、上司と一緒に「紙1枚」で5個あるサブタスクのうち2個が完了しているのを見ながら、「完成までの工程は全部でこれだけあるのですが、現在はこの工程段階なので、進捗率は約40％です」というようにすぐに答えられます。

また、上司も「紙1枚」を見ながら話を聞いているので、進捗率の数字の根拠を理解でき、非常に納得してくれるのです。

私は職場のパソコンのデスクトップに必ず「紙1枚」を開いていましたので、上司から「進捗率はどう?」と聞かれた数秒後にはそれを表示し、回答することができていました。だからもうヒヤッとすることはありません。

相手が取りやすいようにボールを投げる

トヨタの名言「次工程はお客さま」

自動車メーカーのトヨタは、顧客から注文された自動車を、高品質で、リーズナブルな価格で、タイムリーに届けるために、徹底的にムダをなくし、リードタイムを短くするための工夫をしています。「カンバン方式」などとも呼ばれ、世界的にも有名な手法です。

そんなトヨタ関連の本を読んでいて、私が「すばらしい考え方だなあ」と感じたのが、**「次工程は『お客さま』と考えよ」**という一節です。この言葉に触れたとき、私はまさしくそのとおりだなと思いました。そして、私がよくたとえる、サブタスクのパス回しでも同じことが言えるのではないか、と思いました。

自分からほかの誰かに仕事を渡すとき、たとえその相手が気心の知れた同僚であったとしても、まるでお客さまに商品やサービスを渡すような気持ちで渡したら、相手も気を遣ってこちらが取りやすいように投げ返してくれるのではないでしょうか。

「相手はどんなふうに受け取ったら嬉しいか？」を考える

たとえば、**ボールを渡すタイミング**も重要です。もしも急ぎのサブタスクだった場合、自分が少しでも早く相手に渡せば、相手の作業する時間は増えます。それは相手にとってすごく嬉しいはずです。その分、相手もこちらのやりやすいように進めてくれることもあるでしょう。そう考えたら、自ずと「自分」のサブタスクの着手日や締切日を早く設定することになります。

あるいは、**ボールを渡す方法**も重要です。もしも上司のAさんが電話中なのに、「私の次のサブタスクは、上司のAさんに直接資料を確認してもらうことだから」と言って、電話の後ろで待たれたら嫌ですよね。そういうときは、メールで送ってしまって、こちらがボールを送ったことに気づいていないとしたら、「さっき送りましたのでご確認を」とひと言かけてあげると相手も助かります。こんな場合は、いったん「Aさんに資料の確認をしてもらう」と考えたサブタスクが「Aさんにメールで資料を送る」に変わるのです。

また、**ボールの中身**も重要です。もしも相手にチェックをしてほしいのであれば、「特にどういうところをチェックしてほしい」か赤丸をつけるなどして目立たせれば、相手はその部分を集中してチェックしてくれるはずです。これも、「チェックを依頼する」というサブタスクの前に「チェックしてほしい部分に赤丸をつける」といったサブタスクを加えても良いかもしれません。

このように、ボールの受け渡しを含めてタスク全体の流れをあらかじめ「紙1枚」でデザインするようになると、相手が嬉しいパスはどのようなものかを考えられるようになります。さらに、そういったタスクの流れは記録として残りますので、次回以降も流用すれば、また喜んでもらえます。そんなふうにして「紙1枚」を使って職場の人間関係をより円滑にすることが可能になります。

たとえ自分が即レス派だったとしても……

私は、「紙1枚」仕事術をやるようになってから、ずっと**即レス派**（相手からの連絡にすぐ返信をする傾向にある人）です。けれども、**「自分が即レス派だからといって相手にも即レスを求めない」ということは結構気をつけていたりします。**

「紙1枚」仕事術に慣れてくると、「自分のところでタスクを寝かせておくのがもったいない」と感じるようになるので、即レス派になる人が多いです。

即レスをすると、相手はその時点から作業にかかれますから、大体の場合は喜ばれます。まさに、「相手が取りやすいボール」を投げていると言えるでしょう。

でも、だからといって相手も即レスをしてくれるとは限りません。この事実にヤキモキしてしまうと、相手に催促してしまったり、こちらの心中が穏やかでなくなったりするので、よくありません。

したがって、私のスタンスは次の2つです。

- **相手に喜んでもらうために自分は即レスをする**
- **でも相手が即レスしてくれないからといって気にしない**

要は、こちらはあなたが受け取りやすいボールを投げるけど、あなたはあなたのペースでいいよ、ということです。逆に、あなたのペースでやってもらうよう時間的な余裕を生み出すために、自分は即レスするからね、という考え方でもあります。

「発達障害」×「紙1枚」＝良い人間関係

「気が利く人」になるには「急がば回れ」

職場に必ず1人は「気が利く人」がいると思います。憧れますが、それを目指すのはおすすめしません。経験上、気を利かそうとすると、周囲の人の仕事を肩代わりすることになり、いつの間にか「じゃあこれもお願い」「あれもよろしく」と、タスクが山のように積み上がってしまうからです。

もちろん、多くの人は組織の中で仕事をするわけで、助け合うことは大事です。本書でも、「仕事はボールをパスし合うことで進める」と書いています。しかし、それは**「必要な範囲で」**という但し書きがつきます。ボールはそこらじゅうに転がっていていくらでも取りに行けます。だからといって、無限にタスクのボールを扱えるわけではありません。だからこそ、自分で扱うボールの数（タスクの数）は多すぎないように気をつけるべきで、そう考えるとまずは「気が利く人」を目指さずに、自分ができる範囲のことを粛々とやるのがいいのです。

自分ができる範囲のこととは、「紙1枚」に書いてある、自分が依頼を受けて引き受けたタスクです。極端な話、ここに書いてあること以外はしてはいけないのです。たとえどんなに隣の人が大変そうにしていても、あえてスルーするスキルを身につけましょう。冷たいとお思いかもしれませんが、まずは自分がやるべきことを優先して、それで余裕があれば隣の人を手伝うくらいの気持ちでちょうどいいのです。これは優先順位の問題です。他人を助けてはいけないのではなく、まずは自分のタスクをやってからということです。

しかし、話はここで終わりません。面白いことに、「紙1枚」仕事術をするようになり**「まずは自分のタスクから」と気が利く人になるのをあきらめたら、気の利いたアシストができるようになっていました。**

また、「紙1枚」に仕事に関する情報をすべて預けることで、今自分が何をすればいいかがすぐわかるようになり、「次は何をやるんだったっけ?」などと無駄な時間を浪費することが少なくなりました。同時に、脳内メモリに余裕ができ、周囲に気を配ることができるようになりました。

結果、自分のタスクのみにかまけていて、しかもそれも満足に遂行できなかった私が、自分のタスクを淡々と終わらせて、「何かやりましょうか?」「困っているようですが、どうしたんですか?」と声をかけられる余裕が出てきたのです。**「あきらめれば手に入る」という言葉がありますが、まさにそのパターンです。**

ということで、まずは「気が利く人になろう」とせず、「紙1枚」で自分のタスクを淡々と終わらせることを優先してみてください。結果的に気が利く人になれる可能

性が高まります。

目指すは、「やることはやる腰が低い人」

私が仕事をするうえで大事にしているのは、**「やることはやるけど、腰が低い人」**でいることです。「紙1枚」仕事術のおかげで発達障害特性による困りごとをカバーして働けるようになり、ありがたいことに「やることはやる人だ」と周囲から信頼してもらえるようになりました。

しかし、「やることはやる人」になったとしても、自分には「抜け漏れ」「先送り」「過度な自責傾向」「段取りが苦手」「集中しづらさ」、これらの特性があることは忘れてはいけないと考えています。それは、特性があるからこそ見える世界、感じられる心や感情があると思っているからです。

Googleが2012年に、生産性が高いチームの共通点を発見する「プロジェクトアリストテレス」を実施しました。それによると、職場のチームにおいて生産性の向上に最も寄与するのは、個々のメンバーのスキルよりも、失敗やミスを寛容しフォローし合える「心理的安全性」だという結果が出たのです。

仮に、私に5大特性がなかったら？　もしかしたら、心理的安全性とは程遠いマインドで働いていたかもしれません。逆に、**失敗やミスを頻発していた自分だからこそ、この「心理的安全性」の重要さを身にしみて感じ、「腰の低さ」を大事に考えることができる**のではないか、そう考えます。

「ADHDでよかった」とは思いません。しかし「紙1枚」仕事術は、特性のある自分を「まあ、それでもいいか」と思わせてくれました。数ある仕事術のうちの1つに過ぎない「紙1枚」仕事術ですが、私にとっては幸せに生き抜く方法を与えてくれた、かけがえのないものなのです。あなたにとってもそうであること、そうなっていくことを、心から願っております。

おわりに　―闇が深いほど、暁は近い―

本書をお読みくださり、ありがとうございました。私が実践しているタスク管理、「紙1枚」仕事術の全容はこれでお伝えできたかと思います。

しかし、ここで大きな問題があります。タスク管理は「ためになったな」だけで終わりがち、ということです。

タスク管理の習慣化が難しい理由として、タスク管理をしなくても、今日のところはなんとかなってしまう（本当はなんとかなっていないのですが）、緊急性を感じないという点があると思います。紙に書きだす手間がどうしても「無駄なもの」と感じてしまい続けられず、自分のものにできないのです。

ここで、「特性ゆえになんとかならなかった」同志たちに、全身全霊を込めてお伝えしたいことがあります。「闇が深いほど、暁は近い」という言葉です。

たくさんのタスクを抱え込んで、焦ってミスを連発する。あるいは、その状況に頭が真っ白になって何もできなくなる。そんなときの無力感、不安感が強ければ強いほど、「タスク管理が面倒くさいなんて言っている場合じゃない！」という危機感が自分を後押ししてくれるのです。

逆に、そういった切迫した状況とは無縁の人たちは、いつまでたってもやろうとしません。頭では「タスク管理をした方が効率は上がる」と思っていても、いつもなんとかなっているので、何も変えられないまま毎日の仕事をやり過ごしていきます。

これはチャンスです。特性で辛い思いをしていても、いや、しているからこそ、そうでない人が追いつけないほどの強みを獲得できる可能性を秘めているのです。事実、私をタスク管理に駆り立てている原動力は、「これをしないと忘れてしまう」「これがないと仕事が進められない」といった危機感です。

だから、「どうせ自分なんて」と思っている気持ちや自分の特性をそのまま受け止め、自分の心に刻んでください。「どうせ」と思っている自分も、特性で困ってもがいている自分も、他ならぬ自分なのです。決して否定する必要はありません。

辛さを抱えているからこその生き抜き方があります。「紙1枚」仕事術もその1つです。失うものは何もありません。お金もいりません。必要なのは、紙とペン、そして「闇が深いほど、暁は近い」の精神です。心より健闘をお祈りしています。

この仕事どうする？「紙1枚」チャレンジ！

ケース① 売上実績をまとめる

ああ、小鳥遊くん。来週の金曜日の会議に備えて、先月の営業部の売上を営業社員別にまとめて表にして会議前日までにPDFで私（高橋部長）に提出してくれるかな？　先月キミに作ってもらったのを流用していいよ。念のため、提出前に先輩の小林さんにチェックしてもらってね。売上データは経理の石原さんに聞いて送ってもらって。

注：今日は7月12日の金曜日とする。

ケース①　売上実績をまとめる

タスク	着手日	締切日
売上実績報告書を高橋部長へ送る	7/12	7/18

No.	サブタスク	ステータス				着手日	締切日
1	石原さんへ先月の売上データをもらえるよう依頼	**自分**	相手	予定	いつか	7/12	7/12
2	石原さんから先月の売上データを受け取る	自分	**相手**	予定	いつか	7/12	7/16
3	営業社員別に表にまとめる	**自分**	相手	予定	いつか	7/16	7/17
4	小林さんにチェックを依頼	**自分**	相手	予定	いつか	7/17	7/17
5	小林さんからチェック結果を受け取る	自分	**相手**	予定	いつか	7/17	7/18
6	チェック結果反映	**自分**	相手	予定	いつか	7/18	7/18
7	高橋部長へ提出	**自分**	相手	予定	いつか	7/18	7/18

ケース② 部署定例会議の議事録を作成する

来週火曜日の部署定例会議、議事録取って部内に送ってね。自分でもメモを取ってほしいんだけど、新人の岩城くんもメモを取ってくれるので、そのメモも参考にしながら作って。最後は亀井部長に見てもらってＯＫが出たら部内にチャットで共有をお願いします。来週の金曜日中までには共有してね。

注：今日は7月12日の金曜日とする。

ケース② 部署定例会議の議事録を作成する

タスク	着手日	締切日
部署定例会議の議事録を作成して部内へ共有する	7/16	7/19

No.	サブタスク	ステータス				着手日	締切日
1	定例会議に出席する	自分	相手	**予定**	いつか	7/16	7/16
2	岩城くんにメモをもらえるようお願いする	**自分**	相手	予定	いつか	7/16	7/16
3	岩城くんからメモをもらう	自分	**相手**	予定	いつか	7/16	7/16
4	議事録を作る	**自分**	相手	予定	いつか	7/16	7/17
5	亀井部長に確認をお願いする	**自分**	相手	予定	いつか	7/17	7/17
6	亀井部長から確認結果をもらう	自分	**相手**	予定	いつか	7/17	7/18
7	議事録修正	**自分**	相手	予定	いつか	7/18	7/18
8	完成した議事録を部内へチャットで共有	**自分**	相手	予定	いつか	7/18	7/19

ケース③　取引先の前でプレゼンをする

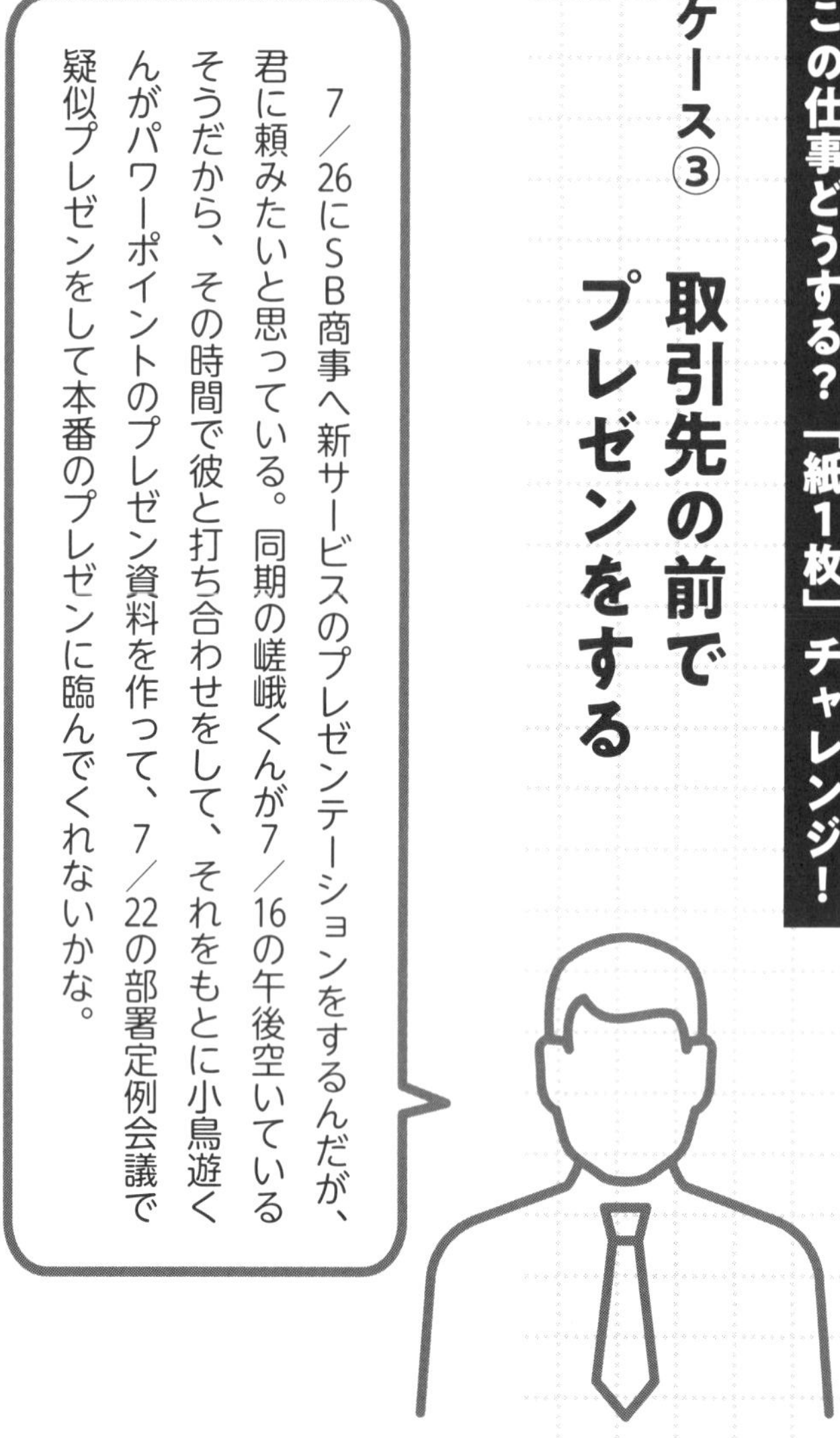
7／26にSB商事へ新サービスのプレゼンテーションをするんだが、君に頼みたいと思っている。同期の嵯峨くんが7／16の午後空いているそうだから、その時間で彼と打ち合わせをして、それをもとに小鳥遊くんがパワーポイントのプレゼン資料を作って、7／22の部署定例会議で疑似プレゼンをして本番のプレゼンに臨んでくれないかな。

注：今日は7月12日の金曜日とする。

ケース③　取引先の前でプレゼンをする

タスク	着手日	締切日
SB 商事へプレゼンテーションを行う	7/16	7/26

No.	サブタスク	ステータス				着手日	締切日
1	嵯峨くんとプレゼン資料作成についての打ち合わせ	自分	相手	**予定**	いつか	7/16	7/16
2	プレゼン資料原案を作成	**自分**	相手	予定	いつか	7/16	7/16
3	嵯峨くんにプレゼン資料チェックのお願い	**自分**	相手	予定	いつか	7/16	7/17
4	嵯峨くんからプレゼン資料についてフィードバックを受ける	自分	**相手**	予定	いつか	7/17	7/17
5	フィードバック内容の反映	**自分**	相手	予定	いつか	7/17	7/19
6	プレゼンの練習	**自分**	相手	予定	いつか	7/19	7/19
7	部署定例会議で疑似プレゼン	自分	相手	**予定**	いつか	7/22	7/22
8	会議で出た修正意見の反映	**自分**	相手	予定	いつか	7/23	7/24
9	プレゼンの練習	**自分**	相手	予定	いつか	7/25	7/25
10	SB 商事でプレゼンをする	自分	相手	**予定**	いつか	7/26	7/26

【応用編】ケース①～③
「タスク一覧シート」の記入例

注：今日は 7 月 12 日の金曜日とする。

No.	（上段）タスク名／（下段）現在の手順名	ステータス				着手日	締切日
①	売上実績報告書を高橋部長へ送る						
	経理の石原さんへ先月の売上データをもらえるよう依頼	自分	相手	予定	いつか	7/12	7/12
②	部署定例会議の議事録を作成して部内へ共有する						
	定例会議に出席する	自分	相手	予定	いつか	7/16	7/16
③	SB 商事へプレゼンテーションを行う						
	嵯峨くんとプレゼン資料作成についての打ち合わせ	自分	相手	予定	いつか	7/16	7/16

「紙１枚」仕事術の習得支援ツール
「タスクペディア」

本書では、「紙」を使った運用方法をご紹介しました。ただ、書いたり消したりするよりも、パソコンやスマホで操作した方がしっくりくる人も中にはいらっしゃると思います。

そんな人のために、パソコンやスマホで「紙１枚」仕事術が実践できるWEBツール「タスクペディア」をご紹介します。小鳥遊がプログラマーさんと一緒に開発し、小鳥遊がお世話になっている社会福祉法人SHIPさんの協力のもと公開されています。ネットが利用できる環境であれば誰でも無料で使えます。「この先は有料機能です」といった制限や不要な広告はありません。

興味がある人は、「タスクペディア」でネット検索するか、下の二次元コードを読み取っていただき、タスクペディア公式ページにアクセスしてください。

著者略歴

小鳥遊（タカナシ）

タスクデザインラボ代表。発達障害の一つADHD（注意欠如・多動症）の診断を受ける。会社での仕事がうまくいかず、抑うつなどにより休職や退職を余儀なくされる。その後、障害特性をカバーする仕事管理ツールをExcelで自作し、独自のタスク管理手法を編み出す。その経験やノウハウを伝えるイベントを開催し毎回満員となる。自作ツールをクラウド化し、タスク管理習得支援ツール「タスクペディア」として社会福祉法人SHIPの協力のもと無料提供。現在はフリーランスとして、執筆や個人／企業のコンサルティング、就労支援講師などを行なう。著作に『要領がよくないと思い込んでいる人のための仕事術図鑑』（サンクチュアリ出版）、『「発達障害」「うつ」を乗り越え@小鳥遊がたどりついた「生きづらい」がラクになる メンタルを守る仕事術&暮らし方』（ナツメ社）がある。

発達障害《はったつしょうがい》の僕《ぼく》らが生《い》き抜《ぬ》くための「紙《かみ》1枚《まい》」仕事術《しごとじゅつ》

2024年10月5日　初版第1刷発行

著　者　小鳥遊《タカナシ》
発行者　出井貴完
発行所　SBクリエイティブ株式会社
〒105-0001 東京都港区虎ノ門2-2-1
装　丁　TYPEFACE（渡邊民人）
イラスト　村山宇希
本文デザイン・DTP・図版　株式会社RUHIA
校　正　ペーパーハウス
編集協力　高橋淳二
編集担当　山田涼子
印刷・製本　中央精版印刷株式会社

本書をお読みになったご意見・ご感想を
下記URL、またはQRコードよりお寄せください。
https://isbn2.sbcr.jp/25047/

落丁本、乱丁本は小社営業部にてお取り替えいたします。定価はカバーに記載されております。本書の内容に関するご質問等は、小社学芸書籍編集部まで必ず書面にてご連絡いただきますようお願いいたします。

ISBN 978-4-8156-2504-7